ZUODEDUO BURU ZUODEDUI

做得多不如做得对

欧俊 编著

中央编译出版社
Central Compilation & Translation Press

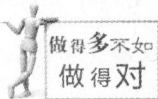

在某公司销售部门的一次销售总结会上,销售经理周嵘询问本周的业务销售情况:

甲说:我本月回访了5个老客户,新开发了2个新客户,我说服他们购买我们公司的产品。

乙说:我本月回访了10个老客户,新开发了15个新客户,他们都对公司的产品表现了浓厚的兴趣。

丙说:我本月回访了15个老客户,新开发了20个新客户,我对他们进行了强势公共公关,同时还签下了意向性协议。

……

周嵘最后总结陈词:"你们一个比一个的工作做得多,可是从公司整体的销售数据和你们个人的销售业绩来看,我们这个月的销售收入远低于去年同期13%的增长水平。我们是时候反思一下我们忙碌的效率和价值了!"

在许多公司里,从领导到员工,成天都忙得晕头转向,老觉得工作干不完,任务压头。但他们却毫无成效可言,他们做了大量无意义的事情而使得忙碌失去了价值。

低效率的企业,其生存机会将变得渺茫。没有结果的员工,成功对他来说是遥遥无期的。盲目地求多而不求对不仅影响自己的业绩,还是对企业资源的一种浪费。

做得"多"不如做得"对",意味着不在于你做了多少事,而在于你做对了多少事,绝对不可以碌碌无为,与其单纯追求数量上和形式上的多,倒不如求结果上的好和对。我们一定要我们的忙碌是出正果而不是穷折腾。

著名的三正半山酒店的酒店管理行动纲领里面有这样几条:"我们追求出正果。出正果就是我们的工作要富有成效,做任何事都要追求一个好的结果。我们反对只说不做,同时我们也反对做而无效。"在企业做而无效不仅没有任何价值可言,反而是对公司资源的一种浪费。做对才叫做了,以对取胜才是职场的赢道。只有把事情做对才能有效提高忙碌的价值,把业绩做多。

我们主张"做多不如做对",但并不是简单地反对"多","多"和"对"不是简单的对立关系而是辩证统一的关系。只有首先把事情"做好做对"才能"做多"。我们同样需要鼓励在"做对"的前提下尽量"多做",这就是胡锦涛总书记提倡的"又好又快"。胡锦涛总书记曾数次讲到促进经济社会发展要"又好又快"。

在又好又快、"做对"的前提下"多做",并不是一件难事。但需要你用心忙碌,负责做事;需要你在忙碌中寻找方法,智慧做事;需要你找准工作的方向,少走弯路;需要你主动落实,行动见效;需要你做重要的事情,提高时间的利用效率;需要你简化工作,告别瞎忙;需要你注重细节,做事到位;需要你注重团队,统合综效……这不仅是一种工作的结果,还是一种工作的态度。

实现企业又好又快发展,在做对的前提下出好业绩,多出业绩,必将进一步增强企业的经济实力,从而为企业在市场上注入强大的生机和活力;必将进一步增加个人的职场即战力,从而为员工个人在职场提高竞争的砝码和实力。

本书对盲目求多的职场现象进行了深刻的剖析。清晰的思路帮你看清那些混乱的、低效率的忙碌认识误区,让你走出盲目求多的阴影,并给出在做对的前提下采取措施才能出结果、出业绩。本书说理与方法自成体系,剖析精当,案例翔实,内容丰富。对职场流感"做多做不对"对症下药,具有药到病除的疗效,对员工减少忙碌、大幅提升业绩有显著的促进作用。相信本书能帮你从此脱离盲目忙碌的不堪现状,避免无为的忙碌。

第一章 为什么做得多却做不好,透视企业忙症的七种表现

- 为什么只见行动,不见结果——职场蜗牛的效率低下 / 1
- 为什么只见努力,不见业绩——职场笨牛的方法不对 / 3
- 为什么整日忙乱,碌碌无为——无主题变奏者行动盲目 / 5
- 为什么热情高涨,希望落空——职场大跃进者心态浮躁 / 9
- 为什么制度完美,漏洞百出——踢皮球的权责不明 / 12
- 为什么会议很多,效益低下——落实不力等于零 / 14
- 为什么心愿很好,现实残酷——盲人骑瞎马的方向不对 / 17

第二章 没有结果,求多是一种虚耗

- 忙 = 忄+亡,乱忙心就死了 / 21
- 没有功劳,苦劳就是"白劳" / 24
- 员工没有业绩就是剥削企业 / 27
- 没有结果,工作流程就没有效率 / 31
- 无效忙碌造成企业资源损耗 / 34

第三章 做多不等于做好,做对了才叫做了

- 不是"做事",而是"做成事" / 39
- 目标太多等于没有目标 / 42

- 在正确的道路上做正确的事 / 47
- 做对了,才叫做了 / 50

第四章 做得对才能做得多,以对取胜是职场赢道

- 努力不等于成功,忙碌不等于成效 / 53
- 不重过程重结果,不重苦劳重功劳 / 56
- 责任在于创造价值,使命在于解决问题 / 58
- 行动又好又快,做对的前提下多做事 / 61

第五章 走出"做多"的误区,用结果来复命

- 摆脱"速度病",快节奏不等于高效率 / 65
- 跳出数字的误区,数量不等于质量 / 67
- 忙碌不等于高效,关键是要忙出成效 / 70
- 树立"结果心态",用结果来复命 / 73

第六章 认真能把事情做对,用心能把事情做好

- 为自己打工,养成认真的做事风格 / 77
- 不糊弄工作,合格是最低的要求 / 79
- 用心做事,思路清晰才不会漫无头绪 / 82
- 戒除浮躁,不为薪水而工作 / 85

第七章 只要思想不滑坡,方法总比困难多

- 努力做事,还要聪明地做事 / 91
- 反弹琵琶,异工同曲 / 94
- 善于变通,迂回前进 / 97

- 田忌赛马,以排序取胜 / 100
- 庖丁解牛,分解工作难题 / 103
- 打破常规,推开虚掩之门 / 106

第八章 找准工作方向,做一只"偷闲"的懒蚂蚁

- 走出忙碌的迷雾森林,方向比距离更重要 / 109
- 眉毛胡子分开抓,找准问题的关键 / 112
- 做最重要而非最紧要的事 / 116
- 做正确的事和正确地做事 / 119

第九章 落实出结果,行动见成效

- 落实到位,人人都管事 / 123
- 锁定责任,才能锁定结果 / 126
- 公司就是你的船,永远不做旁观者 / 129
- 自动自发,主动做最有价值的事 / 132

第十章 提高时间的效率,做最有价值的事

- 提高工作效率,而不是延长工作时间 / 137
- 掌握你的时间节奏 / 139
- 把时间花在关键问题上 / 142
- 在最佳状态下工作 / 145
- 做好时间的规划 / 147
- 提升能力,做一个以一当十的员工 / 150

第十一章 告别"瞎忙",从简单的地方入手

- 简化工作,合理安排 / 155

- 纵观全局,掌握重点 / 158
- 见树又见林的工作艺术 / 162
- 要务优先,分清事情的轻重缓急 / 164

第十二章 做事到位,争取工作零缺陷

- 第一次就把事情做对 / 169
- 任何工作都追求精益求精 / 172
- 细化工作,把每个环节做到完美 / 174
- 追求"零缺陷",不做"差不多先生" / 178
- 做事到位不折腾 / 181

第十三章 雁阵优势,团队出业绩

- 走企业发展轨道,个人目标融入团队目标 / 187
- 双赢才能减少内耗式的忙碌 / 190
- 合理授权:让合适的人做合适的事 / 193
- 优势互补:马云的"唐僧师徒团队" / 196

附 录

- 简化工作的九项原则和方法 / 201
- 做对事情的七个高效能工具 / 203
- 高效能人士的十个科学工作方法 / 206

第一章 为什么做得多却做不好，透视企业忙症的七种表现

为什么只见行动，不见结果——职场蜗牛的效率低下

安妮是广告公司企划部的一名员工，在公司里，大家都叫她"蜗牛"。她在公司里是最为忙碌的一个，但却只能领着勉强维持温饱的工资。

一次，公司接受了一个价值千万的大项目，顾客的要求也高。公司为此专门召开了一次会议，决定这个项目主要由企划部负责，要求在最短的时间内做出文案和整体创意。

企划部分解了一下任务，把相对简单的文案起草工作交给了安妮。当企划部其他员工的准备工作一切就绪，只等安妮的企划稿出来的时候，安妮的企划稿却迟迟没有开头。按她的解释，她在构思一个绝好的创意，但公司没有时间再给安妮了，客户已经催了好几次，如果三天内还拿不出方案，将终止双方的合作。

情况紧急，公司老板让企划经理亲自起草企划稿，紧赶慢赶，终于在客户要求的期限内完成了一切前期准备工作。

7天后，项目顺利完成，其他员工都高高兴兴地领到了奖金，只有安妮一人被扣发了当月工资。她可能还不知道，自己已经上了

公司下个季度的裁员名单。

安妮行动缓慢,效率低下,当其他同事都准备就绪时,她还迟迟没有开头。蜗牛总是慢人家一拍,很难见到工作的结果,这不仅影响自己的业绩和职场前途,严重的时候,还可能给公司带来不良后果。

老是在行动,却很难看到任何业绩。在职场我们经常可以看到这样一些人,他们整天都在忙碌,没有任何时间空下来,但他们的忙碌却没有任何成果。

有的人工作一小会儿就抵上别人干半天,有的人工作一整天,也没有看见他的任何成绩,当你问他整天都在忙什么的时候,他也只能语焉不详,甚至自己都不知道自己忙了些什么。

有一个人要在客厅里钉一幅油画,请邻居来帮忙。油画已经在墙上扶好,正准备钉钉子,迟疑了一会儿,他说:"这样不好,最好钉两个木块,把画挂在上面。"邻居觉得有道理,就帮他去找木块。木块很快找来了。正要钉时,这个人说:"等一等,木块有点大,最好能锯掉一点。"于是便四处去找锯子。找来锯子,才锯了两下,他们很快发现这锯子太钝了,该磨一磨。这个人家里正好有一把锉刀,就把锉刀拿来了,却又发现锉刀没有把柄。为了给锉刀安装把柄,这个人去附近的一个灌木丛里寻找小树。要砍下小树时,他又发现他那把锈迹斑斑的斧头实在不能用了,又找来磨刀石磨斧头,可为了固定住磨刀石,必须得制作几根固定磨刀石的木条,为此他又去寻找一位木匠。然而,这一走,就没见他回来。下午邻居再见到他的时候,他正在街上帮助木匠从五金用品商店里往外抬一台笨重的电锯。

这个人折腾了一天,却没有折腾出一个成果。在我们的周围,我们常常发现一些人整天被折腾得晕头转向,结果却因为做了没有任何成果而使得他们的忙碌失去了价值。

在许多公司里,无论领导还是员工,成天忙得晕头转向,却没有任何工作效益。这样低效率的企业,在市场没有任何竞争力。

在工作中减少忙碌,用最少的时间圆满完成任务,超越公司既定目标,轻轻松松上班,快快乐乐下班,干得比别人少,成绩比别人好,不但能让老板满意,而且还能给自己多留些休闲的空间,给爱情和家庭多营造一些和谐的氛围,这也是每个人都十分向往的工作和生活。

为什么只见努力,不见业绩——职场笨牛的方法不对

有两只蚂蚁想翻越一段墙,寻找墙那头的食物。

一只蚂蚁来到墙脚就毫不犹豫地向上爬去,可是当它爬到大半时,就由于劳累、疲倦而跌落下来。可是它不气馁,一次次跌下来之后,又迅速地调整一下自己,重新开始向上爬去。另一只蚂蚁观察了一下,决定绕过墙去。很快地,这只蚂蚁绕过墙来到食物前,开始享受起来。

第一只蚂蚁仍在不停地跌落中重新开始。

简单的故事却向我们昭示了一个深刻的道理:很多时候,方法比勤奋更重要。第一只蚂蚁毫不气馁的勇气值得我们借鉴,但是在不断努力、不断失败之后,我们是否该停下来想想,寻找一个更好地解决问题的方法,这样或许远比我们拥有勤奋的态度要来得有效。失败给我们的不仅仅是要我们继续努力,更多的是经验教训,需要我们从中获得些什么,改善些什么。没有对失败的反思,而是一次次重复失败,只能是白费力气。

事物发展的速度除了取决于勤奋、坚持、勇敢以外,更需要正确的方法。也许有了一个正确的方法,发展的速度会来得比想象的更快。

在一家国内知名的证券公司工作的小李,毕业于国外的一所金融学院,有着令别人美慕的教育经历,人生的天平似乎早早地倾斜在他这一边,他也是公司公认的勤奋员工,但是三年过去了,他仍然只是一名普通的职员,这是为什么呢?问题就在其工作方法上。

每一次领导布置一项任务时,小李都会以百分之百的热情投入工作,他会找到所有需要的数据进行分析,然后进行大量的统计工作。每天他都在不停地做着统计与分析,每当遇到一项复杂的数据时,他非要弄个明白不可。这种勤奋刻苦的精神是难能可贵的,可是效果如何呢?他似乎陷入了一种"分析陷阱",不能自拔。随着时间一天天地过去,他并没有拿出一个切实可行的办法。

工作不同于学术研究,勤奋笃实的作风固然没错,但探究"为什么"远不如"什么对目前的工作有益"更重要。以错误的方法工作,直接导致了小李工作效率的低下,虽然消耗了大量精力,也花去了大把的时间,却没有形成应该的正比关系产出。

爱因斯坦说曾经提出过一个公式:$W = X + Y + Z$。这里,W代表成功,X代表勤奋,Z代表不浪费时间、少废话,Y代表方法。从这个大家公认的公式中我们可以知道,正确的方法是成功的三要素之一。如果只有勤奋刻苦的精神和脚踏实地的作风,而没有正确的方法,是不能取得成功的。

在职场常有这样的情况发生:有的人工作很勤奋,每天都忙不停,但是由于工作方法不正确,效率很低,还常常加班加点来完成工作,工作绩效平平;有的人平时很少加班,工作方法正确,能用较少的时间来完成工作,绩效相当好。对于前者,或许最初上司会因为你的刻苦努力而欣赏你,但是长期下来,由于工作获得的结果始终不佳,你的努力几乎都是白费。这是一个重视过程结果的年代,我们不仅要勤奋,更要用合理的方法做事。

成功需要的不仅仅是勤奋,也不单纯与花费的时间、精力成正比,同样需要方法。只有正确的方法才能提高解决问题的效率,才能保证成功!

为什么整日忙乱,碌碌无为——无主题变奏者行动盲目

一队毛虫在树上排成长长的队伍前进,有一条带头,其余的依次跟着,食物就在枝头,一旦带头的找到目标,停了下来,它们就开

始享受美味。有人对此非常感兴趣，于是做了一个试验，将这一组毛虫放在一个大花盆的边上，使它们首尾相接，排成一个圆形，带头的那条毛虫也排在队伍中。那些毛虫开始移动，它们像一个长长的游行队伍，没有头，也没有尾。观察者在毛虫队伍旁边摆放了一些它们喜爱吃的食物。但是，毛虫们想吃到食物就得看它们的目标，也就是那只带头的毛虫是否停了下来，一旦停了下来它们才会解散队伍不再前进。观察者预料，毛虫会很快厌倦这种毫无用处的爬行而转向食物。可是毛虫没有这样做。出乎预料之外，那只带头的毛虫一直跟着前面的毛虫的尾部，它失去了目标。整队毛虫沿着花盆以同样的速度爬了七天七夜，一直到饿死为止。

可怜的毛虫给予我们最深刻的启示：没有目标、无主题的盲目行动只能失败甚至是死亡。目标和主题对于我们和我们的行动非常重要，不容忽视。

在工作中，很多人都有可能忘了最初的目标，忙于应付一只又一只跑出来的"兔子"，结果忙来忙去什么都没有得到。事实上，我们忙碌的最大的问题恰恰在于，根本不知道自己在忙什么，什么问题才是真正值得我们去解决的，或者在不知不觉中"跑了题"。例如，想做饭了却发现家里没盐了，去买盐时发现旁边那个沙锅不错，买沙锅之前到另外一家商场比较价钱，结果在那家商场看到了自己喜欢的一个品牌衣服专柜正在打折……到了最后盐没买成，却穿着新衣服在饭店里吃饭。这就是无主题变奏。这是造成我们无序忙碌的重要原因，也是造成我们忙而无果的重要原因。

在我们的周围，我们常常能发现一些行动盲目、毫无计划的人,整天忙忙碌碌、晕头转向,结果却因为做了大量无意义的事情而使得忙碌失去了价值。

李洁是一家公司的职员,大学毕业后,在求职上并没有费多少周折,就顺利地进入了这家著名的跨国公司。因为她精明能干,善解人意,很受老板的赏识。进这家公司没多久,她很快就由普通员工被提拔为经理助理。为此,她工作更加敬业,帮老板把工作安排得井井有条,和同事关系也很好。

李洁在这里的工作用她自己的话来说是得心应手。在这家公司里,与她同一届毕业的同学当中,她做得最好。所以,难免会有同学打电话来询问她一些关于工作上的事情。

善解人意的李洁,每当接到电话,就很积极地帮助他人出谋划策,帮他们解决工作上遇到的问题。

这样一来,她就无法专注于有效的工作。经理也批评过她,说你做这些虽然帮了同事、同学,甚至对提高公司其他人员的工作能力都起到了非常好的作用,可这些事对你来说毕竟都是无效的,这些无效的事迟早会误了公司和你自己的大事。

但李洁依然故我,每天还是忙忙碌碌的,热心地做着很多分外事。

一次,总部的老板打电话过来,结果电话一直占线,而这一次老板的电话是通知李洁的经理:有个重要的合同要与他协商。结果,老板一直等了半个多小时,才把电话打进来。了解了电话占线的原因不是因为李洁的经理在洽谈别的生意,而是李洁接了一个电话,正在热心地帮助别人,做那些无效的工作后,老板一句话没

说就把电话挂了。

直到有一天,正当李洁在修改一份公司报告时,总部的老板发过来一份传真:你的工作很出色,你也很努力,但是你没有很清楚地认识到哪些事才是对你和公司最有效的。我希望下次见到的不是李洁,而是一个能专注于有效工作的员工。

结果可想而知,每天都忙得不可开交的李洁被辞退了。原因也很简单:她整天没有任何主题的忙忙碌碌一直是在做无用功。

一位著名科学家说:"无头绪地、盲目地工作,往往效率很低。正确地组织安排自己的活动,首先就意味着准确地计算和支配时间。虽然客观条件使我难以这样做到,但我仍然尽力坚持按计划利用自己的时间,每分钟地计算着自己的时间,并经常分析工作计划未按时完成的原因,就此采取相应的改进措施。通常我在晚上订出翌日的计划,订出一周或更长时间的计划,即使在不从事科学工作的时候,我也非常珍视一点一滴的时间。"

在残酷的市场竞争中,昏昏然的机械忙碌就如同在悬崖边上的舞蹈,而企业的"群盲"更危险,一失足很有可能让企业元气大伤,甚至从此一蹶不振。众所周知的三株口服液在轰然倒塌之前,其实在其内部就已经存在诸如管理僵化、上传下达淤阻、浮夸成风、缺乏危机应急机制等问题,而正当大家忙着赚钱而对这些危机浑然不觉的时候,一个小小的官司就在一瞬间将曾经辉煌无比的三株集团击垮了。这个"群忙、群盲"的教训是非常值得深思的。

为什么热情高涨,希望落空——职场大跃进者心态浮躁

到迁徙的季节了,所有的鸟儿都要往南飞。

有一只鸟开始犯愁,它想:"每次飞行我都落在后面,都被别人取笑。这次无论如何,我也不能落到最后一个了。那样太没面子了!"

这只鸟想啊想,终于想出了一个好办法,它兴奋地对自己说:"我可以在它们还没有起飞的时候自己先起飞,这样就不会落在后面了!"

为了抢先到达目的地,这只鸟就先于同伴起飞了。飞了一段路程就迷失方向了。于是就落在一棵树上等同伴。等了很久也没有等到同伴,急了,又循着原路往回飞。结果却发现,其他的鸟儿都已经飞走了。

无奈之下,这只鸟只好再一次独自飞往南方。

让这只鸟沮丧的是,每次都飞到半路就迷路了。

这个冬天,这只鸟没有飞到南方。

一场大雪降临,这只鸟死了。

这只鸟儿热情高涨,本想飞到其他鸟儿的前面,却没有想到胡乱折腾到最后被活活冻死而致希望落空。鸟儿的命运给予我们深刻的启示是不要大跃进,好高骛远。

1957年9月,八届三中全会通过了《农业发展纲要十四条(修

正草案)》,这实际是农业"大跃进"的纲领。会后,全国大部分省、自治区召开党的各级干部会议,传达贯彻三中全会精神,积极准备掀起工农业生产的高潮。11月13日,《人民日报》发表社论,提出了"大跃进"的口号。1958年5月召开的中共八大二次会议是发动"大跃进"运动的一次重要会议。会议制定了鼓足干劲、力争上游、多快好省地建设社会主义的总路线,通过了第二个五年计划,提出了一系列不切实际的任务和指标。在这之后制订的1958年国民经济计划的第二本账的主要指标过高,造成了经济工作中的急于求成和急躁冒进。

在大跃进中,高指标、瞎指挥、虚报风、浮夸风、"共产风"盛行,各地纷纷提出工业大跃进和农业大跃进的不切实际的目标,片面追求工农业生产和建设的高速度,大幅度地提高和修改计划指标。在农业上,提出"以粮为纲",不断宣传"高产卫星"、"人有多大胆,地有多大产",粮食亩产量层层拔高;在工业上,错误地确定了全年钢产量1070万吨的指标,全国几千万人掀起了"全民大炼钢铁运动",并且"以钢为纲",带动了其他行业的"大跃进"。

"大跃进"打乱了国民经济秩序,浪费了大量的人力物力,造成了工农业比例严重失调,并间接造成了三年自然灾难。

求多求快原本是一件好事,但如果只追求快而不顾好,不从实际情况出发而盲目地追求数字,很可能就会演变成一场灾难。

巨人集团的史玉柱立志要做中国的IBM,要做"东方的蓝色人"。巨人集团的产值目标可谓大矣:1995年10亿元,1996年50亿元,1997年100亿元。单从数字上看,确立这样的目标也并非只有巨人集团一家，IBM、英特尔、微软等大公司在快速的成长期也有过每年50亿元的增长速度，问题的关键并不在于数字应该定多少，而在于巨人集团可以做多好。后来的事实证明，这些目标是不切实际的。

不仅仅是产值目标，史玉柱所制定的许多目标都是在没有充分考虑企业内外环境下作出的。巨人大厦就是最典型的一例。巨人大厦是史玉柱有生以来最为重大的投资失误，盲目进军房地产业本来就是错误的，而片面追求全国最高更加大了经营风险。更令人瞠目结舌的是，这么大的工程从1994年2月动工到1996年7月，史玉柱竟未申请过一分钱的贷款，全凭巨人集团的自有资金和卖楼花的钱支撑。巨人大厦不但抽干了巨人产业的血，史玉柱还把本来应该用于巨人生产运营的资金全部投入到大厦上，结果使给企业带来大部分利润的生物工程一度停产，资金补给线中断。

迅速萎缩的巨人产业迫使史玉柱作出抉择：是继续加高巨人大厦，还是挽救巨人产业。从1996年11月份开始，史玉柱不得不控制巨人产业的资金流，不再给巨人大厦输血，将巨人大厦与巨人产业一刀切断，以此来挽救奄奄一息的巨人产业。但为时已晚，在民众的讨债声中，"巨人"轰然倒塌。

巨人大厦是中国现代商业发展史上，因制定目标过高不符合实际而导致失败的一个极为典型的例子。

事实表明，如果目标超出了你的能力范围，与现实脱钩，就无法实现。不立足于现实的目标，除了会浪费你的时间，加大你受挫折的风险以外，没有任何意义。

有些人大跃进,不踏实做人,老实做事,而好高骛远,给自己定了很高的要求和标准,苛求自己,到最后不仅没有追求到高目标、高标准、高要求,工作脱离实际,不考虑工作环境和个人的能力,到最后反而连最低标准都达不到。

为什么制度完美,漏洞百出——踢皮球的权责不明

在某制冷设备公司里,销售部的小张正和财务部的小赵因为产品销售的款项催讨吵得不可开交。传统习惯一直是由销售部来催讨,销售部的小张在多次催讨无果的情况下,来求财务部的小赵帮忙;而小赵也正因为上级经理对于款项未能及时到位的训斥,而急着找小张。两人一见面自然就是相互抱怨和争吵。销售部的小张面对财务部小赵的厉问毫不示弱:"催讨款项本来是你们财务部的事!"小赵一听此话,也是火上心头:"催讨款项从来都是你们销售部的事,什么时候变成财务部的事了?!"

两人的争吵,引来了两人上司之间更大的争斗和对峙。当问题变得不可解决时,大家方才想起看看财务制度是如何规定的。一看制度,不免叫人大吃一惊:制度规定里清清楚楚地写着,销售部和财务部都负有催讨款项责任;再细看下去,更叫人吃惊,制度上规定,如果催讨款项遇到困难时,总经理办公室和保卫部都负有协助催讨的责任。

看完企业制度规定后,小张、小赵和两人各自的上司反而高兴轻松起来了,他们一致约定:因为催讨款项遇到了严重的困难,所

以,决定一起向总经理去诉苦,并将情况说得非常严重,请总经理办公室和保卫部去催讨款项。

这家制冷企业财务制度存在着漏洞,导致财务、销售部相互扯皮,转眼之间,谁都没有责任了。这是典型的权责不明而导致的皮球被踢来踢去。

中国有句古话:"没有规矩,不成方圆。"一个企业如果没有一套完善的规章制度,或是制度不合理,或是薪酬激励制度不规范出现责任空白,工作没有明确的责任人。企业的所有员工也就无规矩可依、无章法可循。

一旦制度上存在漏洞就形同虚设,权责划分不明导致权责发生失衡,管理效率低下。权责不明还容易导致信息不畅,从而把简单的事情复杂化,造成时间的拖延。

广州一个家电制造有限责任企业曾发生过这样一起管理"事故":3号车间有一台机器出了故障,经过技术科的工作人员检查,发现原来是一个配套的螺丝钉掉了,怎么找也找不到,于是只好去重新买。可是根据企业内部规定,必须先由技术工作人员填写采购申请,然后由上级审批,之后再经过采购部部长审批,才能由采购员去采购。

可是,问题又出现了:市内好几家五金商店都没有那种螺丝,采购员又跑了几家著名的商场,也没有买到。

几天很快就过去了,采购员还在寻找那种螺丝,可是工厂却因为机器不能运转而停产。于是,企业的其他管理者不得不介入此

事,认真打听事故的前因后果,并且想方设法地寻找修复的方法。

在这种"全民总动员"的情况下,技术科才找出机器生产商的电话号码。于是,采购员就打电话问哪里有那种螺丝钉卖。对方却告诉他:你们那个城市就有我们的分企业,你去那里看看,肯定有。

半个小时后,那家分企业就派人上门送货来了。问题解决的时间就那么短,可是寻找哪里有螺丝钉,就用了一个星期,而这一个星期企业已经损失了上百万元。

购买螺丝钉本不是大事情,但由于权责不明导致没有相互沟通,相互协调的机制,信息不畅结果造成了如此巨大的损失,人们应该从中得到一定的启示。

权责不明,部门之间工作互相推诿扯皮,"皮球"踢来踢去,办事效率低,原有的计划往往落空,从而贻误大好时机,不仅阻碍个人事业发展,还严重损害了企业利益。

把责任和权利明确化,就能使每个部门做好本部门的工作,而且能够把复杂的人际关系处理为一种程序化的简单,不去推诿责任。职责明确的制度是避免盲目的保证。

为什么会议很多,效益低下——落实不力等于零

一天,老鼠大王组织召开了一个老鼠会议,紧急商讨怎样对付猫吃老鼠的问题。

老鼠们踊跃发言，出主意、提建议，会议开了半天，也没有一个可行的办法。这时，一只号称最聪明的老鼠站起来说："据事实证明，猫的武功太高强，死打硬拼我们不是它的对手。对付它的唯一办法就是——防。""怎么防呀？"大家提出疑问。"给猫的脖子上系个铃铛。这样，猫一走动铃铛就会响，听到铃声我们就躲进洞里，它就没有办法捉到我们了！""好办法，好办法，真是个聪明的主意！"老鼠们欢呼雀跃起来。

老鼠大王听了这个办法以后，高兴得什么都忘了，当即宣布散会举行大宴。可是，第二天醒酒以后，它突然觉得不对，于是又召开紧急会议，并宣布："给猫系铃这个方案我批准了，现在开始落实。""说干就干，真好真好！"群鼠仍然激动不已。

"那好，有谁愿意接受这个任务？请主动报名吧。"

等了好久，会场里一片寂静。于是，老鼠大王命令道："如果没有报名的，我就点名啦：小老鼠，你机灵，你去系铃。"老鼠大王指着一只小老鼠说。小老鼠一听，马上浑身抖作一团，战战兢兢地说："回大王，我年轻，没有经验，最好找个经验丰富的吧。"

"那么，最有经验的要数鼠爷爷了，您去吧。"紧接着，老鼠大王又对一只爷爷辈的老鼠发出命令。

"哎呀呀，我这老眼昏花、腿脚不灵的怎能担当得了如此重任呢，还是找个身强体壮的吧。"鼠爷爷磕磕巴巴，几近哀求地说道。"那谁去呢？"于是，老鼠大王派出了那只出主意的最聪明的老鼠。这只老鼠"哧溜"一声离开了会场，从此，再也没有见到它。老鼠大王一直到死，也没有实现给猫系铃的夙愿。

老鼠虽然通过开会落实了给猫系铃铛的议题,但无论鼠爷爷还是鼠孙子,没有一只老鼠去落实。

开会,对我们而言再熟悉不过。开会似乎已经成为工作中不可缺少的一部分,人们习惯了无论遇到什么问题,都要开会讨论讨论、研究研究。然而,绝大部分的会议没有起到它应有的作用。只是开会,而没有落实,那么,一切都等于零。

许多企业老板通过对照外国人和中国人开会的情形说:外国人开会,会上可能有十种声音,但会后只有一种声音;因为有问题他们会当面指出,不管多难堪,但这并不妨碍他吃饭的时候跟你谈笑风生。而中国人开会,会上没人说话,但会后可能有十种声音。我们老板开会结束时通常会问"大家还有什么意见?"全体沉默。一出会议室,跑到自己办公室门一关就开始开部门小会了。这种现象让老板们头痛不已。落实,就得真抓实干,会议结束后把内容落实到位才是开会的"终极目标"!

绝不能为开会而开会。正如一副对联所写的:今天开会明天开会后天开会天天开会,你也在讲我也在讲他也在讲人人在讲。横批:谁抓落实。落实责任,就要真抓实干,会议结束后把会议的内容落实到位才是开会的目的。

古时候,有两兄弟看到大雁就在眼前,两人弯弓欲射,却偏偏在这时抬起杠来,一个嘀咕着射下来要这样烹着吃,另一个嚷嚷着射下来要那样煮着吃,却忘了放手射,大雁就这样在两人的争论不休中飞远了。

在现实工作中,我们也常常能看到这样的人:要么只会坐而论道,沉迷于文山会海,夸夸其谈,将嘴上、纸上的演示代替了真正的落实;要么,在面对一项任务时,不想着赶紧寻找解决方法,只是一味抱怨,结果,错失解决问题的最佳时机,到最后什么也做不成。

落实力到底有多重要?我们看到满街的咖啡店,唯有星巴克一枝独秀;同是做PC,唯有戴尔独占鳌头;都是做超市,唯有沃尔玛雄踞零售业榜首。很多企业的经营理念和战略大致相同,但绩效却大不相同,道理何在?关键是在于落实力!全世界做网络设备最大的思科公司,拥有垄断技术,总裁竟然认为公司的成功不在于技术,而在于落实力。

落实力对于个人、对于企业、对任何一个组织乃至对一个国家来讲,都是一种战斗力。没有落实力,任何伟大的战略,任何远大的规划都只能成为一纸空文。20年前,中国的市场刚刚苏醒,一个又一个企业随之萌生,但它们又像划过天际的流星,只留下了瞬间的光彩,之后便归于沉寂。数十家曾经叱咤风云的企业留给了中国企业界恒久的痛,它们的失利似乎有着某种内在的联系,就像吴晓波先生在《大败局》中探讨的,有着共同的"失败基因",那就是——落实不力!企业中落实不力的情况就像生长在庄稼中的野草,很常见,很令人头痛。

为什么心愿很好,现实残酷——盲人骑瞎马的方向不对

比塞尔是西撒哈拉沙漠中的一颗明珠,每年有数以万计的旅

游者到这儿。可是在肯·莱文发现它之前,这里还是一个封闭而落后的地方。这儿的人没有一个走出过大漠,据说不是他们不愿离开这块贫瘠的土地,而是尝试很多次都没有走出去,肯·莱文当然不相信这种说法,他用手语向这儿的人问原因,结果每个人的回答都一样:从这儿无论向哪个方向走,最后还转回到原地。为了证实这种说法,他做了一次试验,从比塞尔村向北走,结果三天半就走了出来。

比塞尔人为什么走不出来呢?肯·莱文非常纳闷,最后他只得雇一个比塞尔人,让他带路,看看到底是为什么?他们带了半个月的水,牵了两峰骆驼,肯·莱文收起指南针等现代设备,只挂一根木棍跟在后面。

10天过去了,他们走了大约八百英里的路程,第11天的早晨,他们果然又回到了比塞尔。这一次肯·莱文终于明白了,比塞尔人之所以走不出大漠,是因为他们根本就不认识北斗星。在一望无际的沙漠里,一个人如果凭着感觉往前走,他会走出许多大小不一的圆圈,最后的足迹十有八九是一把卷尺的形状。比塞尔村处在浩瀚的沙漠中间,方圆上千公里没有一点参照物,若不认识北斗星又没有指南针,想走出沙漠,确实是不可能的。

肯·莱文在离开比塞尔时,带了一位叫阿古特尔的青年,就是上次和他合作的人。他告诉这位汉子,只要你白天休息,夜晚朝着北面那颗星走,就能走出沙漠。阿古特尔照着去做了,三天之后果然来到了大漠的边缘。

方向也是一个人前进道路上的"北斗星"。一个人如果没有前进的方向,就会如同原来的比塞尔居民一样,永远在通往沙漠外的路上折腾,永远也走不出沙漠。没有明确的方向,只能在原地"折腾",永远也不能真正解决问题。

一个没有忙碌方向的人,无异于盲人骑瞎马,其业绩绝对不可能乐观。方向和目标可以唤起一个人成功的信念。一个心中有方向的人,会成为创造历史的人;一个心中没有方向的人,终其一生必定碌碌无为。

现实中,很多人在工作中标榜努力工作、勤奋学习,但却从来没有一个明确的方向,更谈不上职业规划。他们盲目地工作,一刻不停地忙碌着,却永远也忙不到点子上——由于认不清明确的工作方向,他们把大量的时间和精力浪费在一些无用的事情上。

有一个年轻人向拿破仑·希尔讨教职业上的事情,这位年轻人举止大方,已经大学毕业4年了。

他们先从年轻人目前的工作谈起,并了解了他所受的教育情况、家庭背景以及对事情的态度等。希尔突然问他:"你找我,是不是想让我帮你换份工作呢?"

年轻人回答:"是的。"

希尔又问:"你想要一份什么样的工作呢?"

年轻人比较沮丧:"问题就在这里,我真不知道自己该做什么。"

希尔说:"不妨让我们换个角度想一下,10年以后你希望自己是个什么样子呢?"

年轻人想了一会儿,回答说:"我希望我的工作和别人一样,待

遇很优厚,并且能买下一栋好房子。"

希尔笑了笑,对年轻人说:"你现在的情形好比是跑到航空企业里说:'给我一张机票',你并没有说出你的目的地,人家怎么能把票卖给你?同样道理,除非你知道了自己的目标方向,否则你无法找到合适的工作。"

年轻人听完希尔的话,开始认真的思考。几个小时过后,年轻人满意地离开了。

一个人应该尽早为自己制定努力的方向,为自己的未来规划航向,只有这样,才能在工作中避免"瞎折腾"。

纷繁的世界,每个人的生活节奏都很快,似乎谁都在忙碌。忙碌着培训充电,忙碌着完成工作,忙碌着会议传达,忙碌着……总有一大堆事情在等着我们去完成,使我们忙得焦头烂额,以致把"我没空"、"我没时间"经常挂在嘴边。然而,等时间一长,个人的价值立见分晓,有的成了百万富翁、亿万富翁,有的还在温饱线上挣扎。导致这种差别的原因在于做事有没有方向性。

亚里士多德说过:"明白自己一生在追求什么目标非常重要,因为那就像弓箭手瞄准箭靶,我们会更有机会得到自己想要的东西。"方向是一个人行动的指南针。有方向的人是在为美好的结果而努力,没目标的人只会在原地转悠。任何一个优秀的人绝不会在盲目中忙碌,他们总会在行动之前就为自己设定了努力的方向。

第二章 没有结果，求多是一种虚耗

忙 = 忄 + 亡，乱忙心就死了

有一位勤劳的伐木工人，被指派砍伐100棵树。接受任务以后，他毫不拖延地投入到了工作当中，每天工作10个小时。可是渐渐的，他发觉自己砍伐的数量在一天天减少。他开始想，一定是自己工作的时间还不够长，于是除了睡觉和吃饭以外，其余的时间他都用来伐树，一天要工作12个小时。但他每天砍伐的数量反而有减无增，他陷入了深深的困惑之中。一天，他把这个困惑告诉了主管，主管看了看他，再看了看他手中的斧头，若有所悟地说："你是否每天都用这把斧头伐树呢？"工人认真地说："当然了，没有它我可什么也干不了。"主管接着问道："那你有没有磨利这把斧头呢？"工人的回答是："我每天勤奋工作，伐树的时间都不够用，哪有时间去干别的？"

忙，左边一个"心"字，右边一个"亡"字——忙到一定程度，"心就死亡了"。长期高负荷忙碌的人很容易产生能量耗尽的感觉，很容易在工作中不知不觉地把自己变成麻木不仁行尸走肉的

躯壳,不知道自己究竟在做什么,怎样做。无尽的疲惫导致工作激情和创造力严重消失,甚至开始莫名迁怒于公司和周围的人,工作和人际关系不约而同"告急"。

1961年,美国作家格林尼的小说《一个枯竭的案例》出版后在美国引起轰动,因为在当时的美国,职业枯竭问题相对比较严重。美国精神分析学家费鲁登·伯格首次将"职业枯竭"这一概念应用到心理健康领域,用来特指各个行业的从业人员由于工作所要求的持续情感付出所造成的身心耗竭状态。职业枯竭的主要表现是:无法满足工作需要,身心疲乏、注意力不集中、思维效率降低,无法适应知识更新,对工作的意义和价值评价下降,消极怠工、工作陷入失控的混乱状态……

无论你怎么努力都无法让老板满意,无论你怎么忙碌都无法得到高薪,无论你怎么没日没月的忙碌都还是事业无成、功名无就,捧着这种悲怆无比的结局,再看看那些整天优哉游哉却能成为明星员工的家伙,心里自然会很不平衡。

孙屹刚毕业时,她和所有的"北漂"一样怀着对未来的美好憧憬来到人才济济的北京。为了能够在激烈的竞争中站稳脚跟,她纯粹是用比别人更多的时间来追赶高手和铺垫成绩,甚至到了过劳死的边缘。没日没月的奋斗,一度让孙屹的所有创造力濒临枯竭。整个大脑从刚开始的高速运转到后来的几近瘫痪,一切都是机械地惯性维持,这样的状况让孙屹差点绝望,因为这样的状况持续越久她就越有可能被淘汰。

一个周末孙屹决定不再加班,给自己放个假。躺了整整两天之后，睡眠充足所带来的高效持续了没多久之后又陷入以前的倦怠状态。在接受记者采访时，孙屹总是说："很累，不想工作，但却不得不工作。"她说，每天都是例行公事，一叠叠文件摆在那里，好像一座山一样，永远也搬不完。第二天醒来又要重复前一天的工作，没完没了，看不到尽头。每天都要加班到很晚，感觉特别疲劳。而且，每次目睹办公室里种种明争暗斗时，她更是感到厌倦万分。

孙屹一脸疲惫，她说，周围的人羡慕我拿着高薪，坐在舒适的办公室里，我其实过得并不好。总感到自己很忙，但是最重要的是忙了半天却没忙出个什么名堂来，根本没有任何时间去享受生活。年终填写业绩总结表时，自己都不知道该写些什么，并且想了很久能写下的成绩微乎其微。

为什么做同样的工作，付出别人双倍甚至多倍的努力却无法换来令人满意的结局？这个问题需要深思。并非笨鸟先飞就能迎头赶上，即使兔子不睡觉乌龟也无法赛过兔子，除非乌龟从路程最短的那条小河边游过去。每个人都不是笨鸟，关键在于你以怎样的姿势飞翔。

随着我国经济的高速发展，人们的生活节奏也随之越变越快，压力也越来越大。很多人像一架超高负荷飞速运转的机器一样停不下来，这样不但容易造成情绪抛锚，更容易造成"职业枯竭"。毕竟，这个世界上没有永动机，人更不可能成为永动机。我国人民正逐渐进入职业枯竭病的高发期，特别在深圳、上海、北京等大城市更为严重。有报告称，北京中关村知识分子平均死亡年龄为53.34岁，寿命比10年前缩短了5~18岁。中国目前的中青年群体，职业

枯竭现象已经十分严重。这样杀鸡取卵式的忙碌所带来的后果是得不偿失的。

不论是身体上的,还是精神上的,都是生命中最宝贵的资产,也决不轻易消耗。每个人都应该把任何方式的精力耗损、把一丝一毫的精力浪费,都当作一种不可宽恕的浪费,甚至是一种不可宽恕的犯罪行为。体格健壮、精力充沛地工作一小时,甚至比体力羸弱地终日工作,其业绩都来得高。

在这个以智商得天下的时代,越来越多的工作是知识性的,而这些靠思考为主的工作并不是靠刀耕火种式的原始忙碌就可以完成的,它需要的是创造能力、创新能力。如果连思考、创造的时间也被剥夺,如果所有人忙碌于当前的工作,他们很可能会为了追求速度而失去了想办法以更好方式做现有工作的机会,也失去了思考与寻找新的业务机会的空间,更没有时间提升自己的能力和素质,还很有可能造成江郎才尽式的职业枯竭。

如果员工只是像个僵尸那样机械地重复着简单的动作,那又如何有以创新实现企业飞速发展的机会?长此以往,就会郁结为企业的内伤,致使企业失去应有的生机与活力,对企业的可持续发展造成极大的阻碍。

没有功劳,苦劳就是"白劳"

一位企业领导让李浩去买书,李浩先到了第一家书店,书店老板说:"刚卖完。"之后又去了第二家书店,营业人员说已经去进货了,要隔几天才有;李浩又去了第三家书店,这家书店根本没有。

快到中午了,李浩只好回公司,见到领导后,李浩说:"跑了三家书店,快累死了,都没有,过几天我再去看看!"领导看着满头大汗的李浩,欲言又止……

李浩有了苦劳,却没有功劳,因为他没有为公司提供结果。要知道公司是靠结果生存的,如果我们每个人都满足于苦劳,满足于"我尽力了,结果做不到我也没办法",那么公司靠什么生存?

其实,去买书是任务,买到书才是结果。李浩的确跑了三家书店都没有书,这就意味着李浩已经付出了劳动,却没有结果。

竞争残酷无情,不论你曾经付出了多少心血,做了多少努力,只要你拿不出业绩,那么老板和上司就会觉得付给你薪水纯属浪费金钱。

在当今的企业中,有不少员工存有这样的想法。当上司交给的任务没有成功地完成的时候就会产生"没有功劳也有苦劳"的观念,觉得上司会谅解自己的难处,会考虑自己忙碌的因素。但事实并非如此。

小王和小张差不多同时受雇于天恒物贸公司,从最底层干起。可不久小王受到总经理的青睐,一再被提升,从领班直到部门经理。小张却像被人遗忘了一般,还在最底层混。终于有一天小张忍无可忍,向总经理递交了辞呈,并痛斥总经理不会选人,辛勤忙碌工作的人不提拔,倒提拔那些吹牛拍马的人。

总经理耐心地听着,他了解这个小伙子,工作肯吃苦,但似乎

缺了点什么,缺什么呢?三言两语说不清楚,说清楚了他也不服,看来……他忽然有了个主意。

"小张,"总经理说,"你马上到集市上去,看看今天有什么卖的。"

小张很快从集市回来说,刚才集市上只有一个农民拉了车土豆在卖。

"一车大约有多少袋?多少斤?"总经理问。

小张又跑去,回来后说有40袋。

"价格是多少?"总经理问

小张再次跑到集上。

总经理望着跑得气喘吁吁的小张说:"请休息一会儿吧,看看小王是怎么做的。"说完总经理叫来小王,并对他说:"小王,你马上到集市上去,看看今天有什么卖的。"

小王很快从集市回来了,汇报说到现在为止只有一个农民在卖土豆,有40袋,价格适中,质量很好,他带回几个让总经理看看。这个农民过一会儿还将弄几箱西红柿上市,据他看价格还算公道,可以进一些货。他想这种价格的西红柿总经理大概会要,所以他不仅带回了几个西红柿做样品,而且把那个农民也带来了,他现在正在外面等回话呢!

总经理看看脸红的小张,诚恳地说:"职位的升迁要靠能力。不过眼下,你还得学一段时间,看看别人都是怎么做的。"

忙本身没有错,但是不能被表面的忙碌所迷惑,公司靠的是最大限度地创造价值来生存和发展,又好又快的可持续发展才是最明智、最有前途的发展方式。在市场经济面前,没有结果,没有效益,一切都免谈。只有凭业绩和效益说话,才能在企业中形成良好的工作和人才环境,才能使企业不断前进,并日益壮大。

事实上,每一个人的人生价值都是伴随着工作的业绩才得以体现,人生的境界也靠非凡的奋斗结果来升华。在行动中赢得令人瞩目的业绩,才能向大家证明自己的能力,才能从平凡走向卓越,才能成就一番大事业。

戴尔公司的核心经营原则就是靠业绩说话。戴尔对业绩优秀的员工一向给予奖励。同时,给业绩平平者执行的是"严厉的走人政策"。

戴尔对各部门、各分支机构的考核更看重最后的结果,主要包括:业绩方面的成果考核;消减成本的考核。戴尔的成果考核指标很多,有客户忠诚度的指标考核,有投资回报率的考核等。戴尔以业绩指标考核作为标准,牵引或者引导员工为结果而忙。

商业时代以效率为上,凭业绩说话;企业中的员工无论多辛苦、多忙碌,如果缺乏效率,没有业绩,那么一切辛苦皆是白费,一切付出均没有价值。

员工没有业绩就是剥削企业

天下秀贸易公司主营运动服与休闲服的服装公司。公司一位销售员因为孕产假,职位出现空缺,于是录用了李维维。李维维以前在百货公司卖服装。李维维认为在天下秀贸易公司的工作将会

提高她的销售能力。由于以前的工作经验,李维维经过短期的销售培训就分配负责一个区域。

第一个月,李维维用来熟悉负责的区域、顾客和服装,她很快就达到了一定的销售水平,与负责这个区域的前一位销售员差不多。

李维维定期拜访新老客户,李维维经常发现当她去拜访新零售点时,竞争对手们早已对这些商店进行了拜访,并且已获得大量订单。在这种情况下,李维维通常只能得到很少的订单。

当李维维来办公室取样品并与销售主管交谈时,她一般要待在办公室与顾客通电话,而不做访问。如果客户不在,她会留言告诉客户她来过电话,并且请求客户如果需要产品就来电话。

天气不好时,李维维通常也在办公室打电话而不去登门拜访客户,在错过几次销售访问后,李维维发现竞争对手占据了原属于她的产品的展示空间。

加入天下秀公司已经有一年时间了,虽然她的销售业绩一直保持不变,但在她的区域内竞争者的销售正在上升。销售主管告诉李维维,你没有良好的个人业绩,就是在剥削企业,再过一个月没有提高你就走人吧。

李维维没有好的业绩,造成了客户的流失。不思进取,白白耗费公司资源,白拿老板工资。员工没有为企业创造价值,这和剥削企业有什么区别?

事实上,结果并非这些整日忙碌却不见成效的员工所想的那样,没有结果的忙碌不但浪费了自己的时间,还消耗了企业的资源!

公司的正常运转是一笔不小的开支,在现代工业背景下,无效能的人不仅浪费资源,更会对企业造成伤害。公司作为一个经营实体,生存的唯一理由就是创造利润,有利可图是一个企业运营的意义和目的。

程凯是一家贸易公司的销售主管,在周一的公司例会上,程凯一进会议室就看见自己的名字排在了最后。程凯站了起来打算介绍自己的销售情况。

"等一下,你看看自己的数字,你还没有做到应该完成任务的三分之一。为什么?"总经理陈明楷打断了程凯的发言。

程凯语气平静地说道:"这周是我来北京的第一个完整的星期。我仔细研究了每个正在做的订单,这已经是我们这周能够完成的全部的数字了。"

"销售员崔复做了多少?"听到程凯报出的数字后继续问道:"他以前的两个季度做得怎么样?"

程凯回答:"上个季度做了一半,之前的季度只完成了三分之一。"

陈明楷继续追问:"嗯,连续两个季度都没有完成任务,为什么呢?"

程凯:"他曾经业绩很好,所以他的能力应该可以胜任,至于为什么他的业绩急转直下,他没有向我说,我想应该是态度问题。"

"假定你手下有两个员工,一个态度好但能力差,一个态度差但是能力强,如果必须开除其中一个,你打算开除哪个?"陈明楷突

然抛出了一个问题。

"我不知道。"程凯。

"很简单,不管能力还是态度,开除业绩差的那个。我们已经给了他足够的时间,他却连续两个季度都不能完成任务,所以你应该开除他。"陈明楷用命令的口气说。

"能再给他一些时间吗?"程凯不得不为崔复请求对方。

"两个季度已经是足够的合情合理的时间了,他已经是在占用公司资源,拿工资没有业绩就是剥削公司了"

崔复虽然是被总经理无情的辞退,但我们设身处地地为公司着想一下,如果销售部门没有业绩,企业拿什么生存。同时员工没有为公司提供结果,公司要发给你工资,要支付办公费用,你在提供结果之前一直在毫不手软的索取。如果不能提供结果来作为回报,那与剥削有就没有任何区别。

员工没有业绩就是剥削企业,因为他不仅占用了公司的资源却没有为公司创造相应的价值,而且白白浪费了公司进入市场的机会,还给企业造成了新的损失和伤害。

每一位员工要认识到自己的存在价值就是给公司提供业绩,主管或许可以庇护你,但市场不会庇护企业,所以公司老板只有请那些没有业绩的员工离开。

员工必须具备这样一个简单而重要的观念——全力以赴出业绩为公司赚钱。这是每名员工的职责和使命。只要我们有了这种使命感和责任感,并习惯基于这种理念行事。

公司的首要目标是赚钱,无论你从事哪一行,你都必须用良好的业绩证明你是公司珍贵的资产,证明你可以帮助公司赚钱。要具备这样的意识:你在帮老板赚钱的同时也在帮自己赚钱。员工没有业绩不能为老板赚钱,你在公司里就等同于没有价值一般。谁为公司赚得多,谁的工资就领得多。你的业绩不尽如人意,为公司赚得少,对不起,裁员、减薪的时候到了。

没有结果,工作流程就没有效率

1979年12月,洛伦兹在华盛顿的美国科学促进会的一次演讲中提出,一只蝴蝶在巴西扇动翅膀,就有可能会在美国的得克萨斯引起一场龙卷风。他的演讲和结论给人们留下了极其深刻的印象。从此以后,所谓"蝴蝶效应"之说就不胫而走,名声远扬了。蝴蝶的翅膀扇动一下就可能引起一场飓风,更何况是一个岗位。一个岗位有任何差池,都会导致整个流程效率低下,甚至瘫痪。

2000年3月,诺基亚和爱立信芯片的重要供应商——飞利浦一工厂发生一场火灾,诺基亚马上成立了一个危机处理小组,迅速做出了应急反应,重新设计了芯片,并想方设法提高生产速度,同时尽最大努力寻找任何可以腾出来的生产能力,争取了所有可能的供应商,从而把危机变成公司的转机。而爱立信由于对意外事故准备不足,处理危机的速度慢了许多,导致多达数万只新手机直接受到零组件短缺的冲击,眼睁睁地失去了市场。结果,诺基亚从

爱立信的手中抢夺了3%的市场份额,全球手机市场占有率达到30%。

爱立信就因为危机处理落后而导致企业芯片供应不足,芯片供应不足产品的市场占有率瞬间下降……单一一个岗位,只是企业组织里成百上千个工作岗位中的一个,它和企业组织里其他的流程紧密相连,构成了企业组织紧密有效的工作链。如果一个人的工作没有结果,效率低下,它将沿着企业的工作流程链传递,导致整个流程都没有效率。如仓库因保管员的失职而发生火灾或盗窃,接下来会发生什么?生产部将因领不到原材料而被迫停止生产,销售部会因生产部的停产而无法履行销售合同,财务部将因销售部不能履约而无法按计划回收应收款……

流程是企业日常运营的基础。《现代汉语词典》对"流程"的解释是:"工业品生产中,从原料到制成成品各项工作的安排的程序。"现在泛指为实现一定的工作目的,而需要采取的一系列步骤和动作。

实践证明,有些工作和任务不能高效完成,很大程度上是由于员工没有按照合理的工作流程去做所造成的。因此,若一个企业的效率低下,首先就要检查企业的流程是否合理,如果流程没有问题,那么员工没有按照工作流程作业便是导致企业进入低效恶性循环的最主要原因。

领导做正确的事,员工正确地做事,这些都源于企业的流程导向。整个企业能否高效的运作与员工的忙碌结果、企业的工作流程有很大的关系。

美国的 EDS 公司曾经在计算机服务外包上打下了一片江山。但当市场发生变化时，EDS 没有及时跟进，使公司丧失了发展机遇，企业效益严重滑坡。

新上任的 CEO 迪克·布朗是一个十分注重流程的企业家，他干任何事都非常清楚由谁去做、怎样才能完成。于是，他刚上任便发起了轰轰烈烈的企业大规模重组。他将 40 多个战略业务部门进行改组，按四个细分市场为中心进行业务线组合。新的组织已不仅仅是根据市场业务进行的划分，而是更加充分地利用 EDS 公司丰富的治理资源，调动公司各个部门为用户提供更为周到、满意的服务。在此期间，员工们不仅掌握了新的技能，而且学会了在新的组织下进行协作，彻底改变了过去部门之间"老死不相往来"的传统，全公司团结协作如一人。

工作流程是企业提高效率的关键，如果企业员工不能按照企业的工作流程作业的话，就难以充分发挥其潜力，一旦出现问题，企业将进入混乱的忙碌状态。

事实上，公司设定流程的最终目的就是为了提高工作效率，提高管理水平，从而节约管理成本。如果企业的员工都能按照工作流程而忙碌的话会有以下几点好处：

1. 使得工作忙而有序，井井有条。

2. 在工作中出现错误时可以及时分析出是哪个环节发生了问题。

3. 在员工进行流动时，不至于因为员工的流动而使得工作进度缓慢。

4. 由于每一个流程中的节点都有相应的负责人,所以很容易就可以找到这个负责人。

5. 实现傻子工程。因为有了很详细的流程,所以新员工在入职以后,只要认识字,按照流程操作就没有问题了。

任何人都不能轻视自己的工作结果,不能轻视工作流程,不能轻视自己的工作结果。只有按照流程忙,才能忙而有效,为企业创造效益。张瑞敏曾经说过,企业管理就是擦桌子,决定在哪里擦、谁来擦、什么时候擦及擦的结果。

无效忙碌造成企业资源损耗

在相当长的时间里,健力宝是中国市场上知名度最高的饮料品牌。而企业管理层无效忙碌损耗了健力宝的元气,健力宝一步步走上了不归路。

第一个无效忙碌便是唾弃健力宝品牌。他们嫌原来的品牌太"老土",生造出一个时尚而新锐的"第五季",要中心开花,主打北京、上海等大城市的青年人群。殊不知广袤的城镇市场却是最肥的一块肉,健力宝多年屹立不倒靠的正是被广为认知的"健力宝"品牌。"第五季"以一个闻所未闻的新品牌,像愣头青一样扎进大城市这片光鲜而又惨烈的红海,能有什么好的结局?

第二个无效忙碌是唾弃健力宝现有的营销团队。管理层认为,原先的营销队伍呈现老化和涣散的态势,于是一刀砍下,辞掉八成老营销员,同时大量招聘年轻大学生,新手并未给营销业绩带来明显的提升。并且学习可口可乐的营销模式，对渠道和市场进行精细化管理。营销队伍也从500多人扩充到6000多人，营销成本陡增。

第三个无效忙碌是迷信广告，追求轰动效应。他们花上千万元拍摄精美广告，在媒体上一掷千金。为了让"第五季"一炮走红，一次性采购了500台送货车和5万台电冰箱，还在订货会现场准备了奔驰轿车和别克商务车作为抽奖的奖品。促销活动轰轰烈烈，一时间无人不知"第五季"，可是在店铺里却看不到产品。在北京市场，当健力宝的3100万元世界杯广告播出一个月后，有人向广东要货，得到的回答居然是"北京地区的销售体系还没有建好，还要等几天"。

第四个无效忙碌是多品种齐上，没有主打重点。"第五季"走的是多元化之路，凡是当时饮料市场上流行的概念，从茶饮料、纯净水、果汁到碳酸饮料无所不包，品种多达30多个。这种没有重点的营销方式，让所有的广告都绽放成了绚丽而没有着落的烟花，没有人能说干出"第五季"到底是什么样的饮料。

第五个无效忙碌是沉迷于足球营销。在张海任内，健力宝在足球上共花了5000万元，他的这些"足球营销"尽管也在各类媒体的体育和娱乐版面上出尽了风头，可是对产品销售却毫无助益。

第六个无效忙碌便是重组失败。从2003年开始，健力宝相继与湖北的双环科技、甘肃的西北化工、江西的华意压缩等上市公司洽谈收购事宜，无一例外的是，上述企业都是经营陷入困境的"空壳公司"，而健力宝的收购条件均是承诺在当地建造一个投资不低于1亿元的"健力宝健康产业园"。这些项目耗去了健力宝的大量

财力,结果却无功而返。

"第五季"在2002年成为饮料行业最大的笑料,之后的两年里,健力宝的销量一直徘徊在30亿元上下,可运营成本却节节上升,品牌力的丧失和人心涣散更是一个让人后怕的事实。

从健力宝的例子中我们也许能得到一定的启示,企业管理者的无效忙碌不仅使企业的发展遭受巨大挫折,使企业的品牌遭受巨大损失,也使企业的所有员工因企业受伤而遭受伤害。

其实,在我们的身边,因无效忙碌使得组织发展遭遇变故的例子比比皆是,但是仍然不能引起我们的足够重视。无效忙碌只会给组织和个人带来无谓的"折腾",组织和个人在"折腾"中耗费精力和财力,延误发展时机。

忙碌有时甚至是对公司资源的无效消耗和浪费。很多在正常时间里可以完成的工作拖到了下班后很久,看似忙碌却占据了公司的电费、机器运转费等费用。同时无效忙碌而占有的资源没有发挥作用,没有创造价值,也是一种损耗。

忙碌还会引发很多问题,因为在忙碌的表面下很容易滋生内部管理的紊乱状态,出现管理死角,给滥竽充数的南郭先生创造了机会,造成人力资源和支出薪水的严重损失。在这种每个人都非要说自己忙得要命才不会被视为异类、才会有安全感的企业文化里,有时间去帮助别人就代表着你还不够忙,于是很少有人有时间或者有意识伸出手来帮助其他的人,这种"各人自扫门前雪,不管他人瓦上霜"的冷漠工作品质最容易削弱或瓦解团队合作的力量,把企业变成一盘毫无凝聚力的散沙。

另外,长时间的加班很容易养成员工拖延、磨洋工等不良工作品质,促进员工"职业枯竭"期的来临。长时间的疲劳还会降低员工的忠诚度,导致员工频繁离职。而新招聘来的员工又不能马上熟练地投入工作,需要很长的磨合期与培养成本,更是得不偿失。

承认没有成效的忙碌是具有严重危害性的,承认无效忙碌就等于承认低效率,就会导致企业员工不再积极进取,而是得过且过。这样企业没有任何效益可言,只能造成企业资源的无限消耗,所以任何一个企业都不能容忍无效率的忙碌。

市场只认效率,企业只认结果。企业只能创造效益,员工只能拿出成绩。消费者是绝对不会去购买因为企业员工千辛万苦制造出来而质量却不好的产品的。

第三章　做多不等于做好，做对了才叫做了

不是"做事"，而是"做成事"

有一次，刘墉和女儿一起浇花。女儿很快就浇完了，并准备出去玩了。刘墉叫住她问："你看看爸爸浇的花和你浇的花有什么不一样？"

女儿看了看，没发现有什么不一样的地方。

于是刘墉将两人浇的花连根拔了起来，女儿一看，脸就红了，原来爸爸浇的水都浸透到了根上，而自己浇的水仅仅只将表面的土淋湿了。

刘墉语重心长地教育女儿：做事不能只做表面功夫，一定要彻底，做到"根"上。

做事并不难，人人都在做，天天都在做，难的是将事做成。做事和做成事是两回事，做事只是基础，而只有将事做成，你的工作才算真正完成了。工作其实也和浇花一样，如果只是敷衍了事，那就等于在浪费时间，做了跟没做一样。这就是很多看起来一天到晚很忙的人忙而无果的重要原因。

只做事而不是做成事,对任何单位和企业的发展来说都是致命的,还会培养出一支涣散、没有思考能力和动手能力的团队。

有的人经常说:"我努力了,所以我问心无愧。"而老板喜欢说的却是:"我看到你努力了,请给我结果。"许多人宣扬结果不是最重要的,这是一种非常可笑的观点,怀着这种所谓的"超然"心态去做事,其结果往往是无法超然的失败。这种人所看重的"内心的体验"也只不过是失败所带来的遗憾和伤感。这种遗憾和伤感或许是诗人们创作的源泉,但对于我们绝大多数靠薪水生活的普通人来说,没有任何帮助。

小明、刘冬、崔佳不仅是中学同班同学,而且是大学同班同学,更是在同一天进入同一家公司的同事。

但是他们的薪水却大小不相同:小明的月薪是3000元,刘冬月薪2500元,崔佳月薪2000元。有一天,他们的中学老师来看望他们,得知他们薪水的差距之后,老师就去问总经理:"在学校,他们的成绩都差不多呀,为什么毕业一年就会有这么大的差距?"

总经理听完老师的话,笑着对老师说:"在学校他们是学习书本知识,但在公司里,却是要行动、要结果。公司与学校的要求不同,员工表现也与学校的考试成绩不同,薪水作为衡量的标准,就自然不同呀!"

看到老师仍然满脸不解的样子,总经理对老师说:"这样吧,我现在叫他们三人做相同的事情,你只要看他们的表现,就可以知道答案了。"

总经理把这三个人同时找来,然后对他们说:"现在请你们去调查一下停泊在港口边的船。船上毛皮的数量、价格和品质，你们都要详细地记录下来，并尽快给我答复。"

一小时后，他们三人都回来了。

崔佳先做了汇报："那个港口有一个我的旧识，我给他打了电话，他愿意帮我们的忙，明天给我结果。我为了保证明天他给我结果，我准备今晚请他吃饭，请您放心，明天一定给您结果。"

接着，刘冬把船上的毛皮数、品质等详细情况给了总经理。

轮到小明的时候，他首先重复报告了毛皮数量、品质等情况，并且将船上最有价值的货品详细记录了下来。然后表明，他已向总经理助理了解到总经理的目的，是要在了解了货物的情况后与货主谈判。于是，他在回程中，又打电话向另外两家毛皮公司询问了相关货的品质、价格等。

此时，总经理会心一笑，老师恍然大悟。

相信看到这种情况后，任何一个人都会像那位老师一样，一下子就明白，为什么他们的薪水会有这么大的差别。

称职者只满足于做事，最棒者却是要做成事。做成事你才能永远领先他人一步，许多员工在工作中满足于称职，做事就可以了，他们认为工作只要过得去就行，没有必要做到最好，但是那些在自己的工作中做出了非凡成绩的员工都是以做成事为目标。

作为员工，你不是给领导一个忙碌的假象，而是你给他提供结果，提供业绩。在工作中，我们一定要树立把事情做成的工作态度，很明确地知道自己不仅是要"做事"，还要"做成事"。

目标太多等于没有目标

作家吴淡如在《心香淡如菊》中这样描写他的一个习惯：

我一直有个可怕的毛病，有一堆事情等待我处理时特别明显。比如说，我通常在早上写稿，中午自己弄东西给自己吃，"贪多务得"的习惯在这时候便展现无遗。

我会先把煮水饺的水烧开，然后看一看阳台上的花木，有几片枯黄的叶子该剪掉了，我立刻戴上了手套，寻找园艺用的剪刀。打理花木时我看见昨天晒的衣服还没收，待会儿可能要下雨了，于是我又放下剪刀，把衣服收进衣柜里。这时发现衣柜里的衣服放得有点不顺眼，又顺手理了理……

糟糕，水早煮滚了，我放了水饺，心想，为什么不连餐后咖啡一起煮，省点时间呢？于是……然后我又等得不耐烦了，随手翻开书架上昨天买的书，趁着空当读了起来。有一次，因为发现水饺快被我煮烂了，情急之下，赶紧熄火，掀开锅盖时，不幸地被旁边正在加热的摩卡咖啡壶所吐出的蒸气烫伤。

作家的经历很像职场中的很多员工，很多人总是习惯同时做好几件事情，以为这样可以节省时间。但是当几件事情同时进行时，却又无法把精力集中到每一件事情上，结果是在做一件事情的同时又在想着另一件，最后哪一件也没有做彻底。

美国著名半导体公司得州仪器公司的口号是："写出两个以上

的目标就等于没有目标。"戴尔·卡耐基在分析了众多个人事业失败的案例后发现："年轻人事业失败的一个根本原因，就是精力太分散。"

目标太多等于没有目标，我们的忙碌在很大程度上就是因为目标过多。因为目标在变动，你就不得不在这个目标和那个目标之间疲于奔命，这是一种没有目的，缺少头脑，而且非常笨拙的工作方法。只有盯紧一个目标，并专注地去实现这个目标，才能最大限度地摒弃其他与此目标无关的干扰，最快、最准地实现目标。

很多人试图一次完成几件事情。但是研究表明，成功人士一次只做一件事。他们知道，这样做比没头没脑地围着几件事转更节约时间。他们做起事来更专注，费时更少，出错更少。

同时完成多项任务常被视为令人羡慕的技能，甚至被当做工作要求之一。其实，这通常只是解决时间管理不善的遗留问题时，效率最低下的方法。管理大师德鲁克认为："我们的事物太多太杂，市场失控。我们多数人即使专心一致地在同一时间内只做一件事，也不见得真能做好，如果在同一时间内做两件事，那就更不必谈了。"

李彦宏是全球最大的中文搜索引擎"百度"的创始人和当家人。他成功的主要原因就是只专注于一个目标。当时，互联网正好步入所谓的泡沫时代，有人劝他做将英语语言网页翻译成中文网页的事，他说"但我十几年来一直关注的都是搜索引擎这个市场。"之后短信救了很多网站，游戏又让很多网站发了财，但他只专注搜索这一件事情。

能射到鸟的猎人，绝不是去追逐满林子的鸟，而是一次只瞄准

一只鸟。阿里巴巴的CEO马云也说:"看见10只兔子,你到底抓哪一只?有些人一会儿抓这只兔子,一会儿抓那只兔子,最后可能一只也抓不住。CEO的主要任务不是寻找机会而是对机会说'NO'。机会太多,只能抓一个。我只能抓一只兔子,抓多了,什么都会丢掉。"

1997年年底,马云带着他的团队进驻北京,与外经贸部合作开发外经贸部官方站点、网上中国商品交易市场等一系列国家级站点。但是这次合作并没有持续多久,主要原因是特立独行的马云不能忍受左右受制的局面。于是在1999年,马云返回杭州,以50万元人民币创业,建立阿里巴巴网站(www.alibaba.com)。

这一时期,正值中国互联网最疯狂的时候,新浪、搜狐、8848风生水起,互联网被人们称为"烧钱"的行业。作为其中一员,马云和他的追随者们也被认为是一群疯子。疯子就疯子,经历了几次创业磨炼的马云已经将阿里巴巴作为他到达光荣和梦想彼岸的理想之舟,他要做的就是充满激情地向前走,永远地走下去。1999年阿里巴巴刚成立时,在杭州湖畔花园马云家,马云妻子、同事、学生、朋友共18个人围着马云,听他慷慨激昂地说:从现在起,他们要做一件伟大的事情,他们的B2B将为互联网服务模式带来一次革命,留着长头发的马云手舞足蹈,充满激情,他告诉和他一起创业的人,现在可以出去找工作,可以一个月拿三五千的工资,但是3年后他们还要去为这样的收入找工作,而现在每个月虽然只拿500元的工资,一旦公司成功,他们就可以永远不为经济所担心了。

2003年,阿里巴巴的股东孙正义召集了他投资的所有公司的经营者们开会,每个人有5分钟时间陈述自己公司的现状,马云是最后一个陈述者。他陈述结束后,孙正义做出了这样评价:马云是唯一一个3年前对他说什么,现在还是对他说什么的人。当时,马云判断中国加入WTO是迟早的事,这也意味着中国企业到国外开展业务指日可待。所以,阿里巴巴创立的第一个构思就是,通过互联网帮助中国企业出口,帮助国外企业进入中国。马云当时经过认真考虑,认为推动中国经济高速发展的是中小企业和民营经济。所以,阿里巴巴应该帮助那些真正需要帮助的企业。这是马云最早的构思。

显然,马云的这个构思在经过了几年的互联网风潮的沉浮之后,不仅没有动摇,反而更加坚定了。或者可以说,这个构思成为马云决定要"专心"做的唯一一件事,这也是阿里巴巴能走到今天,并愈走愈坚定的关键所在。

2005年12月6日至16日,在中央电视台经济频道举办的2005中国经济年度人物评选创新论坛上,马云应邀在北京大学中国经济研究中心演讲。在这次演讲中,马云再次重申了阿里巴巴对专心致志地做好一件事的坚决态度。

他不知道1995年以后阿里巴巴什么样子,但是在未来的三年到五年,他仍然会围绕电子商务发展自己的公司,他觉得阿里巴巴绝对不能离开这个中心。十年的创业告诉他,阿里巴巴永远不能追求时尚,不能因为什么东西起来了就跟着起来。

一切皆为目标服务,一切皆为"专心做一件事"——电子商务。在传媒界流行着这样一句话:"一个人围着一件事转,最后全世界

可能都围着你转；一个人围着全世界转，最后全世界可能都会抛弃你。"

闻名世界的大发明家爱迪生将"一次做好一件事"作为自己成功的第一要素。有人曾经问爱迪生，"成功的第一要素是什么？"爱迪生答道："能够将你身体与心智能量锲而不舍地运用在同一个问题上而不会厌倦的能力……你整天都在做事，不是吗？每个人都是。假如你早上7点起床，晚上11点睡觉，你做事就做了整整16个小时。对大多数人而言，他们肯定是一直在做一些事，唯一的问题是，他们做很多很多事，而我只做一件。假如他们将这些时间运用在一个方向、一个目的上，他们就会成功。"

一个人做事的效率跟他工作时的专注程度有很大的关系。因此，亚伯拉罕·林肯说："最弱的人，集中其精力于单一目标，也能有所成就；反之，最强的人，分心于太多事务，可能一无所成。"

许多人做事效率很低，就是同时做很多的事情，导致自己无法将精力集中在重要的事情上。成功学大师奥里森·马登曾经在一项调查研究中要求参与者写下自己的目标，不限个数，但是要相信自己这些目标都能够完成。

若干年后，他对这些人进行回访时发现：那些只写下少量目标的人，大部分目标都实现了；但那些写下多个目标的人，基本上已经放弃了大多数的目标，剩下的有限目标他们完成得也大打折扣。

作为员工的我们最应该做的就是集中心智全力以赴将它做好。"每次只做好一件事"这不仅是员工的一项行为要求，更是成功的一个捷径。

在正确的道路上做正确的事

30年前,弗兰克还是一个13岁的少年时,他就要求自己有所作为。那时候,他把自己人生的目标定在纽约大都会街区铁路公司总裁的位置上。

为了这个目标,虽然没有上过几天学,但是他依靠自己的努力,不断地利用闲暇时间学习,并想方设法向铁路行业靠拢。18岁那年,经人介绍,他进入了铁路业,在长岛铁路公司的夜行货车上当一名装卸工。他觉得这对他而言,是一个十分难得的机遇。尽管每天的工作又苦又累,他都能保持一份快乐的学习心态,积极地对待自己的每一份工作。他也因此受到赏识,被安排到铁路上,干检查铁轨和路基的工作。尽管每天只能赚1美元,但是,他感觉到自己已经向铁路公司总裁的职位迈进。

随后,他又被调到铁路扳道工的岗位上。在这里,他依然勤奋工作,加班加点,并利用空闲帮主管们做一些书记工作。他觉得只有这样,才可以学到一些更有价值的东西。

后来,弗兰克回忆说:"不知道有多少次,我不得不工作到午夜十一二点,才能统计出各种关于火车的赢利与支出、发动机耗量与运转情况、货物与旅客的数量等数据。做了这些工作后,我得到的最大收获就是迅速掌握了铁路各个部门具体运作细节的第一手资料,而这一点,没有几个铁路经理能够真正做到。通过这种途径,我已经对这一行业所有部门的情况了如指掌。"

但是,他的扳道员工作只是与铁路大建设有关联的暂时性工作,工作一结束,他立刻被解雇了。

于是,他找到了公司的一位主管,告诉对方,自己希望能继续留在长岛铁路公司做事,只要能留下,做什么样的工作都可以。对方被他的诚挚所感动,调他到另一个部门去清洁那些满是灰尘的车厢。很快,他通过自己的实干精神,成为通往海姆基迪德的早期邮政列车上的刹车手。无论做什么工作,弗兰克始终没有忘记自己的目标和使命,不断地补充自己的铁路知识。很快,大家都知道他是一个雄心勃勃的年轻人。

后来,当弗兰克成为公司总裁以后,他依然废寝忘食地工作着,在纽约人来人往、川流不息的街道上,他每天负责指导运送100万乘客,从没有发生过任何重大的交通事故。

弗兰克能够成功就在于他在正确的道路上,做正确的事。他树立了远大的人生目标,并为之采取相应的措施,做出相应的努力。

古代有个人,他要去的目的地在南方,但他却驾着车向北狂驶,别人怎么劝他都不听。这个人虽然很坚持,但他离目标只会越来越远。这个"南辕北辙"的故事告诉我们:坚持,必须是在正确的道路上。

当然,仅仅拥有一个宏远的目标而不为之努力,那么一切都是空中楼阁。奥利弗·霍姆斯说:"世界上伟大的事情不在于我们站在何处,而在于我们朝什么方向前进。为了到达目标之港,我们必须航行,不能漂流,也不能抛锚。"当我们朝着一个方向前进之后，我们不能中途停留，要心无旁骛，集中全部精力，勇往直前去实现。

要勤奋，还要把勤奋的双脚踏在正确的道路上。要在努力的同时，多动动脑子，做正确的事。

前任全国政协主席李瑞环出生于天津一个农民家庭，年少时学了一手木匠功夫，此后背着木匠工具只身闯荡北京城，18岁时就成为第三建筑公司的工人。虽然只有初小文化，但他经过近4年的苦学苦钻，创造了木工简易计算法，并总结出九种计算表和土公式，后被运用在人民大会堂的建设中，大大提高了生产效率。

24岁时，由于其卓越的成绩，年轻的李瑞环已经是人民大会堂建筑工地上的突击队队长了，被称为"青年鲁班"。

20世纪60年代初，建筑业一度短缺抹灰工，李瑞环改行做抹灰工。在1年零8个月的抹灰工作中独创了一套机械抹灰法。1951年到1965年的15年间，他实现了100多项技术革新。

李瑞环能够取得成功就是因为他在正确的道路做着正确的事，当他是工人的时候，他提高自己的手艺，练就过硬的本领，创造了很多高效的工作方法，所以他能从一个普通的工人逐渐成长为国家的领导人。

当前很多员工在其位，不谋其事，不好好地走正确的道路，干好自己的本职工作，做出业绩上来，却把时间花在交朋结友、拉帮结派上等其他非工作的事情，这严重蒙蔽了自己的心智，也空耗了公司的资源。

所以每一位职场员工都应该选择好自己的工作道路和努力的方向,做正确的事,多做努力,努力做对事,多出业绩。

做对了,才叫做了

"做对了,才叫做了"这句话一针见血地指出了许多人在工作中最容易犯的错误:只是满足于"做"却不重视是否把事情做好了。所以表面看起来,整天在付出、在努力、在忙,但是这种忙却是穷忙、瞎忙。

老板对小张越来越不满意了。可究竟为什么,连老板自己也说不太清楚。他只知道,小张每次都能把他交代的事情做对,却不能让他完全满意。

有一次,老板让小张帮忙查一下北京主要宾馆的情况,有个重要的客户从新疆过来,老板自然要好好地招待一番。

小张接到任务就忙开了。半天之后,小张给老板发来了一封电子邮件,上面密密麻麻地写着二十多家宾馆的众多信息,包括宾馆等级、地理位置、服务质量,等等。

老板看到这封邮件就皱起了眉头,显然,他不是很满意。他希望看到的是简洁明了的说明,最好有一些小张的建议,比如,哪家宾馆的新疆菜做得好,或哪家的服务会比较适合这位客户。但这些信息老板都没有看到。

但老板又不好指责小张,因为小张确实将老板交代的工作做

了,而且已经做了。那么,恐怕问题就出在,小张并没有把工作做对。

职场中有许多小张这样的人,他们会对老板交代的任务不打折扣地完成,并且不会发生方向的偏差,也就是能把老板布置的工作完成。然而,他们还欠缺一点主动性和一点变通能力,还不能够用自己的智慧和能力把事情做好。

"做了"与"做对",虽然只有一字之差,却有本质区别。前面只是走过场甚至是糊弄人,后者却意味着对工作的质量负责。做工作,绝对不能满足于"做了"这一点。满足于"做了",不仅会浪费资源,更可怕的是自欺欺人,既有可能将自己麻痹,也有可能使单位疏忽乃至麻痹。于是,该有的效率出不来,没有想到的陷阱和危机却可能不期而至。

沃尔玛的创始人沃尔顿年轻时收到耶鲁大学的录取通知书后,却因为家里穷交不起学费而面临失学的危机。于是他决定趁假期去打工,像父亲一样做名油漆工。

沃尔顿接到了为一大栋房子做油漆的业务,尽管房子的主人迈克尔很挑剔,但给的报酬很高。沃尔顿很高兴地接下了这桩生意。在工作中,沃尔顿自然是一丝不苟,他认真和负责的态度让几次来查验的迈克尔感到满意。这天,是即将完工的日子。沃尔顿为拆下来的一扇门板刷完最后一遍漆,刚刚把它支起来晾晒。做完这一切,沃尔顿长出一口气,想出去歇息一下,不想却被脚下的砖头绊了一下。这下坏了,沃尔顿碰倒了支起来的门板,门板倒在

刚粉刷好的雪白的墙壁上,墙上出现了一道清晰的痕迹,还带着红色的漆印。沃尔顿立即用切刀把漆印切掉,又调了些涂料补上。可是做好这些后,他怎么看怎么觉得补上去的涂料色调和原来的不一样,那新的一块和周围的也显得不协调。怎么办?沃尔顿决定把那面墙重新刷一遍。

大约用了半天时间,沃尔顿把那面墙刷完了。可是,第二天沃尔顿又沮丧地发现新刷的那面墙又显得色调不一致,而且越看越明显。沃尔顿叹了口气,决定再去买些材料,将所有的墙重刷,尽管他知道这样做,他要花比原来多一倍的本钱,他就赚不了多少钱了,可是,沃尔顿还是决定要重新刷一遍。

他刚把所需的材料买回来,迈克尔就来验工了。沃尔顿向他道歉,并如实地将事情和自己内心的想法说了出来。迈克尔听后,不仅没有生气,反而对沃尔顿竖起了大拇指。作为对沃尔顿工作的负责态度的奖励,迈克尔愿意赞助他读完大学。最终,沃尔顿接受了帮助。后来,他不仅顺利读完大学,毕业后还娶了迈克尔的女儿为妻,进入了迈克尔的公司。十年后,他成了这家公司的董事长。

现在提起世界上最大的沃尔玛零售公司无人不知,可是没有多少人知道,其创始人曾是当年刷墙的穷小子。一面墙改变了沃尔顿的命运,更确切地说,是他这种"做对了,才叫做了"的精神改变了他的命运。

"做了"并不意味着工作,做了不等于做好了,只有做好了才叫做了。把问题解决好,才称得上是合格地完成了本职工作。我们只有把"做对"作为执行的关键,才能圆满地完成工作任务。

第四章 做得对才能做得多，以对取胜是职场赢道

努力不等于成功，忙碌不等于成效

彼得森16岁成为珠宝商人的学徒，开始了自己的"钻石人生"。此后白手起家，经历了令人难以想象的艰辛之后，终于创立了自己的公司，多年之后，成为享誉欧洲的"钻石大王"。

作为一名犹太商人，彼得森的身上不仅充满了传奇色彩，而且还是宽厚、谦和的典范。他也因此赢得了人们的普遍赞誉，甚至成为人们竞相追逐和模仿的偶像。

这一天，彼得森正在公司忙碌地工作，一个西班牙人找到了彼得森。他向彼得森做了自我介绍："您好，彼得森先生，我叫西索科，经营着女士手提包生意。每天，我都非常努力地工作。天不亮我就起来准备一天的工作，晚上更是最后一个关门打烊的。可是，就算是这样拼命地干活，我的生意却总是不温不火的。"

"特别是在淡季的时候，有时甚至一两天都卖不出一件皮具。为此，我感到非常的苦恼，我也曾向身边的朋友们求教过，但试过很多办法却毫无起色。现在，我的提包生意一直惨淡经营，没准哪一天就要破产倒闭了。"

"后来,一个朋友对我谈起了您,他说您可能会帮我走出这个困境。为了避免遭受那样的厄运,请您一定要为我提供一些宝贵的建议和指导,我在这里先行谢过了!"

听完西索科的介绍,彼得森沉思了一会儿,开口说道:"西索科先生,在您看来,做生意最关键的因素是什么呢?"

西索科完全没有想到彼得森会向问这样的问题,他用手挠了挠头,一时之间不知道如何回答才好。

在仔细思考了一会儿,西索科才回答道:"我曾听过这样一句话,勤劳的人与财富更加有缘。所以依我看,只有那些辛勤劳作的人,才能将生意打理好,让自己快速奔向富裕。"

"难道您真是这样想的?"西索科的话让彼得森十分惊诧。

"怎么,我说错了吗?"

"如果你真这样想的话,那可真是大错特错了!做生意可不像是耕作,只要勤勉地劳动,日出而作、日落而息就可以应付了。我们犹太民族早就说过:'做生意,仅仅知道不停地干活是不够的。'换句话说,如果你想依靠做生意发财,只靠勤奋显然是不够的!"

"那……"西索科越听越迷惑。

"不错,勤勉的确是做好生意的一个好习惯。犹太人的父母也经常教育自己的子女说,对于勤劳的人,造物主总是会给予他最高的荣誉和奖赏;而懒惰的人通常什么也得不到。但是,这并不是说有了勤劳的品格之后,一切问题都能迎刃而解了。"

"不错,我想你也一定看到过很多犹太商人虽看似不甚忙碌却颇为富有吧?"

"是啊,难道说……"

"不错,因为他们知道,自己的成功并不是比别人更勤奋,虽说他们也非常努力,但最关键在于对自己手上的资源最有效的运用,而不是对自己的充分利用。也就是说,他们总是知道该在什么地方投入精力,什么地方根本就不需要投入精力。"

千万不要只知道不停地埋头苦干,虽然看上去很勤奋,但却往往是徒劳无功、枉费心机的;要准确地找到奋斗的方向,找到获得生存的机会。

专心自己的事情,把时间用在真正需要的地方。或者可以这样说,与其默默无闻地埋头苦干,不如多动些脑子!

李伟是一家广告公司创意部的经理,曾为自己做事粗糙的习惯而苦不堪言。有一次,由于完成任务的时间比较紧,他在审核广告公司回传的样稿时不仔细,在发布的广告中弄错了一个电话号码——服务部的电话号码被他们打印错了一个。就是这么一个小小的错误,给公司带来了一系列的麻烦和损失。

我们平时最经常说到或听到的一句话是:"我很忙。"是的,在上面的案例中,李伟忙了大半天才把错误的问题料理清楚,耽误的其他工作不得不靠加班来弥补。与此同时,还让领导和其他部门的数位同人和他一起忙了好几天。如果不是因为一连串偶然的因素使他纠正了这个错误,造成的损失必将进一步扩大。

因此,在"忙"得心力交瘁的时候,我们是否考虑过这种"忙"的必要性和有效性呢?假如在审核样稿的时候李伟稍微认真一点,

还会这么忙乱吗？

努力不等于成功，忙碌不等于效率，用时间来堆积利润的时代早已经过时。只有有秩序的忙，忙到点子上，这样才能忙出效率，忙出成绩。

不重过程重结果，不重苦劳重功劳

古罗马皇帝哈德良手下有一位将军，跟随自己长年征战。有一次，这位将军觉得他应该得到提升，便在皇帝面前提到这件事。"我应该升到更重要的领导岗位，"他说，"因为我已经参加过10次重要战役。"

哈德良皇帝指着拴在周围的驴子说："亲爱的将军，好好看看这些驴子，它们至少参加过20次战役，可它们仍然是驴子。"

战场上没有业绩就如同参加二十次战争的驴子一样，最终还是驴子，没有业绩就不会有本质的改变。没有功劳，苦劳就是白劳，就不会给你提升职位。

在当今的企业中，有不少员工跟这位将军想法一样。当上司交给的任务没有成功地完成的时候就会产生"没有功劳也有苦劳"的想法，工作的时候一刻也没闲着，不管有没有结果，都应该算成绩。觉得上司会谅解自己的难处，会考虑自己为公司忙碌的苦功。

联想集团有个很有名的理念："不重过程重结果，不重苦劳重功劳。"这是写在《联想文化手册》中的核心理念之一。联想之所以能从几个下海的知识分子办的公司,成为如今一家享誉海内外的高科技公司,毫无疑问,与这个核心理念密切相关。

企业要的是结果而不是过程,纵然你付出了千倍的努力,吃尽了苦愁辛酸,如果你没有给公司提供结果,所有的忙活就是白忙。

曾经有人问过张瑞敏是怎样对待以前和他一起"打天下"的那些元老的,他回答说:"我认为对待元老还是要看创始时是否对企业作出贡献,如果你因为照顾他,导致企业没有饭吃了,那么这种照顾就是对所有员工的不照顾。不论是元老还是年轻人,你到底怎么样做才算真正的照顾呢?我认为不是表现在小恩小惠上,而是让他自己具有竞争力。"

在海尔的企业文化里,不讲过去,不论过去为海尔发展做出过多大贡献,包括"海尔功臣"(海尔最高奖励),只要不胜任今天的工作,绝无客观原因和情面可讲。"昨天的奖状,今天的废纸",海尔人不欣赏昨天的荣誉和脚印,永远只能从零开始。不讲关系,个人收入和升迁只与业绩相联系,与个人出生和社会关系无关,一律用一把尺子——业绩来衡量。

比尔·盖茨说:"能为公司赚钱的人,才是公司最需要的人。"公司不是慈善机构,他不会允许那些没有业绩,不能为公司赚钱的人待在公司里。

"追求利润最大化"是每个公司的终极目标,没有哪个老板创立公司不是为了赚钱的。因此,老板们都希望员工头脑中有一个简单却至关重要的概念,那就是每一个公司的成员都有责任尽力

帮助公司赚钱。要知道没有老板要的是过程。老板雇用员工不是用来欣赏对方做事的过程,而是要他为公司创造效益。

责任在于创造价值,使命在于解决问题

无论你所做的是什么样的工作,无论你忙碌的具体内容是什么,只要你能认真地、勇敢地担负起责任,你所做的就是有价值的,你就会获得尊重和敬意。

员工的存在就是要不停地为社会创造财富,不断地去帮助企业创造利润。员工要敢于竞争,要不停地去开发新的客户和市场。

1996年底,伊利推出冰淇淋新品"苦咖啡"。正巧有位身份显赫的女士来伊利参观。这位女士患有糖尿病,按理说忌吃甜食,但尝了苦咖啡后,连声说好,又要了第二根。

当时,牛根生正在内蒙古工学院学计算机,周围都是些爱吃雪糕的女孩,但提起苦咖啡,谁都不知道。

把两件事联系在一起,牛根生坐不住了。他说:连糖尿病人都抑制不住连吃两根的苦咖啡,我们却把它"藏在深闺人不知",这怎么行?

按惯例,冬季是淡季,工人们得放假回家。牛根生把大家召集到一起:咱们今年冬天做一次营销。

经商定,先在呼和浩特与包头两个市做试点。只要有广告时段,就加入苦咖啡广告,电视上一个天真可爱的小男孩(孙先红的

儿子),手持苦咖啡,初咬一口,眉关紧锁:苦!越吃越香,露出灿烂之笑:甜!话外音:"苦苦的追求,甜甜的享受!"一句广告语,赋予苦咖啡无限的联想。

全国市场到处是翘首企盼、"苦苦追求"的经销商,苦咖啡一到,便开始了他们的"甜甜享受"。

这一年,苦咖啡单品销量创纪录地突破3亿元!1997年,"苦咖啡风暴"让伊利产品广告首次登陆中央电视台。

面对因季节变化而导致的市场萎缩,牛根生通过实施创造性的营销,引领了消费潮流,让人们在冬天里大吃雪糕!牛根生把雪糕的淡季变成雪糕的旺季。

一根小小的冰棒和一个小小的汉堡,都能通过企业家的创意做成一个大产业。企业家的责任就是不停地去创造,任何一个市场,都存在潜在的消费需求,就看你能否寻觅到新的商机,并为之采取行动,从而帮助企业创造利润。

在这个世界上,拥有绝妙主意的人多得让人吃惊,但能将其商品化的人却是极少数,一个有责任心的员工对于任何事件,他都能够找出答案,在他的字典中没有不能解决的问题,也没有不能实行的事业。

在你每天按时上班、下班的空闲中,你是否每天都给自己总结过:今天你解决了多少问题?工作充满问题的时候,你是否想过,怎样才能保证你的工作卓有成效?

你可能每天都在拼命工作,但你不一定每天都在解决问题。但是如果你没有解决问题,你的忙碌没有任何意义。

　　1995年刚参加工作的时候,18岁的苗俭只是上海航天局804所一位普通的铣工。她从事航天领域关键部件的加工工作,完成了大量"不可能任务",为我国重点型号产品的研制生产作出贡献。

　　第一次参与技术攻关,苗俭结合书本上学到知识对工装加以改进,有效提高重复定位的精度和装卸时间,同时修磨合理的刀具角度,提高加工性能和效率,零件的合格率从10%提高到100%。

　　2002年5月,804所引进了第一台龙门数控加工中心,领导们决定让苗俭来承担这台设备的操作重任。苗俭凭着厚实的理论功底和实践经验,出色地完成了各类用于"高新工程"的型号产品零件,不仅为研究所节约了大量外协费用,更重要的是缩短了制造周期,提高了产品质量,也使804所的制造水平明显地上了一个台阶。

　　某型号中需加工副反射板,它是用在雷达系统中的关键件,该零件体积大质量轻,反射面主体为直径1m,厚15mm,中间由法兰的铝合金制成,其表面粘贴厚度为6.8mm±0.1mm聚苯乙烯(厚度包括胶水),最后在最上方粘贴XX用的铜丝网。针对这一薄壁零件加工与非金属材料的测量难关,苗俭与工艺师们齐心协力,自制测量工具,优化加工参数,最终按时保质完成生产任务,并撰写了《攻克XX型号副反射面加工和测量难关》的论文,发表在航天技术交流报上,得到了专家的一致好评。

　　照射器天线模胎是804所产品中国家高新技术的重要零部件,由于该模胎是个庞然大物,超出了数控机床的加工范围。在加工时,苗俭仔细测算,大胆采用了多刀具分段加工的方法。由于设计图纸要求的是由公式曲线构成的回转抛物面,为了提高加工程序的计算精度,苗俭经过摸索,将多个软件结合使用,成功编制出高效的加工程序,保证了模胎曲面精度,达到了同行业加工的先进水平。

苗俭19岁成为车间生产技术骨干;24岁被破格提升为技师;27岁被破格晋升为数控加工高级技师,成为上海市最年轻的双料高级技师;28岁成为青年高技能人才导师;29岁成为首届"中国十大杰出青年技师"。

工作的使命在于解决问题,既然已从事了一种职业,选择了一个岗位,就必须帮助企业和公司解决工作中的难题。面对你的职业、你的工作岗位,请时刻记住,这就是你的工作,不要忘记你的责任和使命。

每个人的工作,都是一个不断碰到各种问题、不断解决各种问题的过程。在一个企业中,上至老板,下至最基层的职员,不论他的工作是简单还是复杂,问题总是避免不了的。俗话说:"天底下没有免费的午餐。"老板任用你就是需要你来解决工作中的难题,假如问题都被别人解决掉了,你只需要做现成的、容易的事——这样一份工作,恐怕全世界也很难找到。

行动又好又快,做对的前提下多做事

全国劳动模范窦铁成只有初中文凭,但他凭着自己的努力,最终成长为新时期中国的"金牌员工",被认为是现代产业工人的楷模。

在铁路电气和变配电施工的技术方面,窦铁成是"问题终端解决机"。有技术难题,大家只要拨打老窦的手机号码,难题往往迎刃而解。许多问题,他不需要去现场,只要听人讲解大概情况,就能很快找出"症结"所在。

窦铁成能练成这样"出神入化"的技术本领,与他的努力和刻苦是分不开的。他仅有初中学历,文化基础很薄,却自学掌握了大量电力学知识。60余本百余万字的工作学习日记,是他孜孜不倦学习的见证。而从一个普通的电工成长为知识性高级技师,其间付出多少努力也许只有窦铁成个人才清楚。

2006年7月,窦铁成参加浙赣铁路板杉铺牵引变电所施工工程。这个变电所是浙赣铁路规模最大、技术含量最高的变电所。施工过程中,变电所的变压器引入导线设计要求为铜板双导线,但国内没有这种产品,交工日期已经逼近。大家把目光投向了老窦。

在巨大的压力下,连续5个晚上,他在宿舍光着膀子写写算算,反复推敲。5天后,"简化结构,保证功能"的产品加工方案"出炉":利用现场既有的铜排、铜螺栓等材料,加工制作出符合技术和功能要求的全铜间隔棒,完全达到技术指标。后来,该技术在900多公里的浙赣线电气化改造工程迅速推广,节约成本4倍多。

由他负责安装的45个铁路变配电所,全部一次性验收通过,一次送电成功,全部获得"优质工程"称号。参加工作30年间,他提出实施设计变更6次,解决技术难题52个,排除送电运行故障310次,为企业挽回经济损失及节约成本1380万元。

窦铁成的忙碌是有意义的忙碌,他既忙得好也忙得快,他的忙碌为企业创造了业绩。我们提倡做得多不如做得对,是反对只快不好,并不反对在做对、做好的前提下多做。我们鼓励行动又好又快,多出业绩。

作为一名职场人士,不要做业绩一般的员工,而要做业绩最棒的员工。因为无论什么时候,企业永远是用业绩说话。只有业绩才能让企业在商海中立足;同样,也只有业绩,才能让任何一个职场中人在人才济济的队伍中脱颖而出!

李骏是新中国自己培养的第一代汽车发动机博士。李骏攻读博士学位时,他的博士生导师就是一汽总工程师陆孝宽。他的博士论文就是围绕一汽产品的技术改造进行的。1998年李骏完成博士学业,主动要求到一汽工作。技术中心虽然是国内汽车行业一流研究所,但发动机基础技术研究却很薄弱,如果基础研究跟不上应用技术的开发,那么失去的不仅是一汽产品的后劲,而将是中国汽车工业的未来。

李骏义无反顾地选择了基础研究,一干就是10年。他到技术中心的第一件事就是建立发动机单缸机试验室。为了使试验室早日建成,他有时光着膀子和工人在燥热的工作现场连续工作10几个小时,经常被喷得满身机油。有人对他说:"你是技术中心唯一的博士,用得着这么干吗?"李骏说:"为了加快进度,只能这样干。"

有一年,大年三十的下午,其他办公室、试验室的人都走光了,可李骏还在机器轰鸣的现场忙碌着。中心领导在巡视检查时看到满身油污的李骏,心疼地说:"平时加班我不说你,今天可是过年呵……"李骏这时才想起妻子让他今天早回家的嘱咐。经过一年多的艰苦

努力,仅花了十几万元,李骏就建成了国内最先进的发动机单缸机试验室,节约资金100多万元。

1999年,李骏担起了奥威发动机项目研发技术总负责人的重任。在30个月的时间里,李骏争分夺秒地奔波于国内国外,既要负责项目的评审,又要掌握整个工程的节点。他经常说的几个字是"抢"、"挤"。"抢"就是要把汽车工业落后的时间抢回来,"挤"就是要把国外的好经验像"挤牙膏"一样挤出来。

李骏用"抢"和"挤"来争取时间,来为公司赢得利润。在做对的前提下尽可能地多做,这种有效率的忙碌是值得任何一个职场员工学习的。

赢利——是任何一家在市场中生存发展的公司的根本目的。创造最大的财富,是公司老板和所有员工最大的也是最为一致的目标。作为员工,一定要为公司创造财富,而且要把为公司创造财富当做神圣的天职、光荣的使命。

今天,世界上所有的公司只为一个目的而存在,那就是赚钱。日本企业家松下幸之助说过:"企业家不赚钱就是犯罪。"那么,作为企业的员工,为公司获取利润也是每个员工不可推卸的责任和使命。

第五章　走出"做多"的误区，用结果来复命

摆脱"速度病"，快节奏不等于高效率

在现代社会，我们的步调都被调整得很快。走路要快，吃饭要快，说话要快，就连排队买电影票或是快餐时，也毫不例外地要求自己抢得先机。我们从不满足于现有的速度与效率，不断地寻找加速的新方法，并且从这种高度的紧张中获得极大的快感。随着人们对快的追求，工作中是否忙碌、充实便成了考量我们个人工作效率的主要依据，自然也就形成了快节奏等于高效率的理念。然而事实确实如此吗？我们先来看一下阿尔伯特的一段亲身经历。

阿尔伯特是美国著名的演说家及作家，每天都要乘飞机或者火车到世界各地去采访、演讲。

有一次，他应邀到日本去演讲，搭乘大阪往东京的新干线，在快到横滨时，由于铁路的转辙器出现了故障，被迫停驶。车长在车内广播："各位旅客，对不起，由于铁路临时出现了故障，要暂停20分钟左右，请各位旅客稍候，谢谢！"阿尔伯特是个急性子的人，刚

开始有一些烦躁不安,电车停驶20分钟,对于一个注重效率,时间又十分宝贵的人来说无疑是一个重大损失。

但是20分钟过去,并且都快30分了,电车一点儿也没有要发动的迹象。正当他越来越焦躁不安时,车内又再度广播:"很抱歉,请再稍候一会儿。"故障修理大概很费工夫吧!然而就在这一瞬间,他改变了惯常的想法,心想,焦躁也无济于事,不如找些别的事做。

阿尔伯特在看完手边的报纸杂志和书后,就去拿备置的《时事周刊》开始阅读。车内的乘客,大概有很多是忙人,他们焦躁地到处走动,向车长询问一些事情。阿尔伯特回忆这次特别的经历时说:

"电车由原先预定的延迟时间20分钟,变成1小时、2小时,最后慢了3小时,因此抵达东京时,我几乎看完了那本报道前总统卡特全貌的《时事周刊》。

"假如火车依照时间准时到达东京,或许我就无法获得有关前卡特总统的详细知识。而且,假设我又是一位没有'游戏'和'从容'心态的人,这3小时,除了焦躁不安,不断抽烟外,就没有什么事好做了。"

阿尔伯特是现代效率社会的佼佼者,这一点从他蒸蒸日上的事业和忙碌的身影就可以看得出来,然而自从他有了这次电车上的经历之后,他懂得了一个道理:一个人要及时地从社会以及身边的人一起营造的追求效率的氛围中走出来,以一种从容的心情来面对自己的工作,不要时刻都让效率之弦绷得太紧,否则就容易为自己带来过多的压力和挫败感。这样,工作就成了摆脱不掉的包袱,同时也毫无效率可言。

现代人一味强调高效,却忘记了该如何等待,从周一到周日时刻忙碌着。而这些追求所谓的快感的忙碌实际上是在为自己制造慌乱,因为这种要求自己越快越好的压力使现代人变得越来越浮躁。大多数人认为问题出在时间的紧迫上,但事实上,是速度控制了我们的工作和生活。

一旦染上了这种"速度病",我们就会迷失在毫无间隙的忙碌之中,失去清醒的头脑和必要的理智。为了准时完成任务总是疲于奔命,最终却往往会发现自己越来越力不从心,工作中错误百出,这时才后悔莫及:"要是我当时多花点时间就好了。"

一位西方评论家说过:"效率被视为这个时代对人类文明的最伟大贡献。效率被视为一种永远追求不完的力量、人们不可能达到的极致。"

但是整天忙碌并不一定有效率。效果和花费的时间并不一定成正比。强迫自己工作、工作、再工作,只会耗损自己的体力和创造力。如果你对所有日常运作的实务都过度投入,很可能会迷失方向,若出现这种状况,为了真正提高工作效率,我们应该尝试放慢脚步,放轻松,不要再增加已经被误导的实务作业。

跳出数字的误区,数量不等于质量

据说,上帝在创造蜈蚣时,并没有为它造脚,但是,它仍可以爬

得和蛇一样快速迅捷。有一天,当它看到羚羊、梅花鹿等其他有脚的动物都跑得比自己还快时,于是向上帝祷告,希望拥有比其他动物更多的脚。上帝答应了蜈蚣的请求,把好多好多脚放在蜈蚣面前,任凭它自由取用。蜈蚣迫不及待地拿起这些脚,一只一只地往身体上贴,从头一直贴到尾,直到再也没有地方可贴了,它才依依不舍地停止,当它心满意足地走起路来时,才发觉自己完全无法控制这么多的脚。它要想向前挪一步,就必须集中全部精力才不至于使那么多脚互相绊跌,这样一来,它反而走得比以前更慢了。

蜈蚣本以为脚越多越快,没有想到成为"千脚虫"之后反而不如光溜溜的蛇行动快捷。这进一步告诉我们,数量不等于质量,贪多没有实际意义。

很多人有一个非常坏的读书习惯,就是恨不得能够博览天下所有书籍,成为拥有渊博知识的人。殊不知欲速则不达,一味地追求多读书,忽略对内容的理解,收效必定甚微。"好读书不求甚解",虽然能丰富人生的阅历,但纵观天下没有几个人是靠不求甚解的方式博览群书而成名成家的。走马观花、囫囵吞枣,时间长了,自然脑中不会留下太深的印记,反而还会形成一些模棱两可的概念。

如果能够调整一下阅读方式,不再一味追求读书的数量,侧重研读对职业发展有价值内容的图书,反复研读,领悟其阐述的主要内容和基本思想,吸收利用有价值的观点。经过一段时间后,你会发现读过的东西再也不像以前那样混淆不清,变得清晰和鲜活了许多。虽然和以前相比读的书少了许多,但掌握和积累的知识却丰富了许多。

"贪多嚼不烂。"其实，我们在人生的道路上，何尝没有犯过贪多求数的毛病？那种贪大求数、追求高大全、一口就想吃成个胖子的人，结果反而被饿得面黄肌瘦。

从地产、食品、啤酒、石化到零售、纺织、水泥、电力，很难说清华润在做什么，同时也很难说清华润不做什么。

2000年6月，华润集团宣布业务重组，将业务重新整合为分销、地产、科技以及策略性投资四个主要业务方向，通过旗下的上市公司经营以上主要业务。而实际上，人们看到华润集团的业务并没有像规划的那样进行简单的划分，整个集团构成了纷繁复杂的大产业链。2003年，华润集团的主营业务形成9大行业，25个利润中心。

华润业务庞杂的毛病似乎并没有被全面地清理，从行业营业额及盈利分布上，很难清晰地描述出其主业，一会儿被归为地产类，一会儿又被归为综合类，给市场的概念很模糊。

集团总经理宁高宁本人也曾说他作为总经理，上午开北京置地的会，下午可能就要开银行的一个会，晚上又要和下属研究某一产品的市场分销，而这些都是毫不相关的。

宁高宁在2004年的总经理会议上直言："集团整体的盈利能力和资产回报率提高仍然较慢。从实际情况来看，很多利润中心营业额的增长不是因为自身经营能力产生，而是通过并购来实现的增长。"

据说在美国有句很流行的话:"你想帮一个企业家,就建议他多元化;你想害一个企业家也建议他多元化。"一个企业家如果贪多陷入数字的误区,就会尾大不掉。阿里巴巴总裁马云只做电子商务,他追求做最好的电子商务,所以阿里巴巴成为一个世界性的贸易平台。

一筐烂苹果不如一口好苹果。领导要的结果就好比是苹果,无论你多么忙碌,如果你的成果只是一大筐烂苹果的话,领导也会把它们全部扔进垃圾堆,因为烂苹果会吃坏肚子。因此,同样的时间和精力,与其制造数量,制造一大堆没有价值的烂苹果,还不如注重质量,精心打造一个属于自己的金苹果。

很多职场员工总是忙忙碌碌,追求数量的多少。一些做客户销售的员工总是希望开发更多的客户,一直在奔跑着、追逐着,可谓是疲于奔命,不能说不尽心尽力,简直就像"奔跑机器"。尽管忙碌的过程特别的精彩绝伦,但终因一无所获而暗淡落幕。

与其四处开花,还不如深挖一个客户的资源和潜力。阿里巴巴总裁马云认为少做就是多做,不要贪多,做精做透很重要。

忙碌不等于高效,关键是要忙出成效

忙碌与高效,是很多企业的"心病":有时候并不是员工不尽力,大家似乎都在忙碌工作,但企业却拿不到结果,导致销售业绩下滑,质量波动,人心浮动。同样,这也是员工们的疑惑:我这么努力,每天马不停蹄地忙碌,为什么老板还是不满意?

其实，关键就在于他们没有把重点放到结果上。现在，有不少员工在工作与结果的认识上存在一种误区。他们把上班当成结果，认为只要上班就可以领工资，这种观念大大地扭曲了员工与企业的关系。

事实上，我们不是用上班来交换工资的，上班的结果才可以交换工资。这就像睡觉一样，睡觉没有价值，睡着了才是有价值的，想睡觉但睡不着叫失眠。失眠不但没有价值，而且还是一种病。

如果我们工作的时候，就是为了追求忙碌的过程，而不是结果，那么就是在睡觉，处于失眠的状态。所有忙而无效的公司，一定有一部分员工处于这种失眠状态。

在忙于工作时，我们要懂得一个基本的道理：对工作的结果负责，是对我们忙碌的价值负责；而对某项任务负责，是对忙碌的过程负责。忙碌不等于结果。

心态决定行动，行动创造结果。如果我们要一个满意的"商业结果"，那么我们首先要树立一种能够激发行动的"商业心态"。"结果心态：不是想要，而是一定要！"姜汝祥在《请给我结果》一书中解释道，"既然锁定了目标，锁定了结果，那么我们对于结果，就不是要，而是一定要。在结果面前，你需要一个'一定要实现'的决心！"

三星公司开发笔记本电脑要比索尼公司晚得多，但是现在三星的新产品活力十足，新品不断，而索尼的新产品却是"千呼万唤始出来"。

当年，索尼的笔记本电脑因为设计精巧而在市场上很畅销。

三星公司为了与索尼公司的经典产品一比高下,决心开发出比索尼产品更轻、更薄的新款笔记本电脑。

于是,三星高层要求研发人员按照比索尼公司同类产品"至少薄1厘米"的高标准来研发新产品。尽管,这在当时看来,几乎是一个不可能完成的任务,但是三星的研发人员经过8次反反复复的实验与提高,还是实现了这个看似不可能完成的目标。

当时主攻技术创新的陈大济(2003年3月被任命为韩国信息通信部部长),带领研发团队接手了这项艰巨的任务。当时,也正是全球经济不景气,其他企业纷纷缩减研发经费之际,陈大济和研发人员勇敢地承担起责任,并没有因为"这是不可能完成的任务"而放弃努力。因为他们知道,如果研发不出比索尼产品"至少薄1厘米"的产品,三星笔记本电脑就赶不上索尼,三星就不会变强大!对结果负责,对公司的责任感,使三星的研发人员不断克服技术难题,成功地完成了在别人看来不可能完成的任务。

全球最大的计算机公司戴尔看到三星的这些产品后大吃一惊,赶紧派人到三星采购。为此,三星顺利地从戴尔手中得到了160亿美元的采购合约,使三星一下成为全球最大的高端笔记本生产企业之一。

任何企业购买的都是结果,也就是忙碌的结果,而不是忙碌。忙碌是不值钱的,只有忙出的结果才值钱。

所以我们要永远看重结果这个"目标",而不是忙着完成任务这个"程序",因为完成任务不等于得到结果。

树立"结果心态",用结果来复命

有三位建筑工人同时接到了盖一座房子的任务,他们马上开始设计、准备材料、动手盖房。第一位工人干着干着就不耐烦了。他走马观花般草草完工,房子的质量和外观十分粗糙,没有人愿意住他的房子。

第二位工人觉得这样的工作实在是又苦又累,不过,既然拿了老板的工资,就有责任把房子盖的能住。于是,他很认真地把房子盖好了。他盖的房子看起来非常牢固。

第三位工人想:既然我接受了这个工作,那我就要把它盖的漂漂亮的!他不仅认真干活,还整天琢磨着怎么把房子盖的漂亮。他在房屋前后种了一些花草,弄了一个苗圃。不久以后,一座颇具田园情调的房子盖好了,不仅牢固,而且十分美观!

他盖的房子成了公司的样板房,此后每逢有人来这家建筑公司参观时老板都把他们带到这座房子跟前。客户看到公司能盖成这么漂亮的房子,对公司十分信任,都表示愿意购买公司盖的房子。

三人的房子都盖好以后,公司开除了第一位工人。留下了另外两位,并把第三位工人提升为项目经理。第三个工人之所以在三个人中能走的最远,就在于他的出色的业绩。正是因为他对于结果的孜孜追求帮助他成就如此出色的业绩。

这种"结果决定一切"的心态,是指对他人的承诺,在限定时间内给出一个结果。它不是交差,而是要完成任务;不是做事,而是要创造价值。

日产公司近年来获得了新生,但在2000年,全球汽车市场一片萧条,日产尼桑公司也陷入了困境。在法国有"营救大师"之称的卡洛斯·戈恩公司高层空降了到日产。

在戈恩正式上台的就职演说中,他面对日产公司的所有股东和员工,面对众多的新闻媒体,做出了一个惊人的公众承诺——"180"计划:"1-8-0"这三个数字分别代表了日产将实现的三个目标:截至2004年,全球销售量增加100万台;运营利润率达到8%;汽车事业净债务为0。该计划旨在实现日产的持续性、盈利性增长!

戈恩在演讲台上坚定地告诉所有人:"我要实现这三个目标,如果任何一点没有做到,我就出局!在这三个目标前,我没有说一个'假如':假如有了支持、假如经济环境良好、假如日元汇率降低……这表明我已经决定,并已经承担责任,这是我们的承诺!"

戈恩说到做到,不仅扭亏为盈,现在的日产就像变了一家公司!业界为之震惊,人们发现奇迹总是在这样的大师身上闪现,必然有其成功的方法和规律,于是很多人去求救戈恩。

三年后有记者问戈恩,为什么在一上台之初就要坚定的锁定目标,不给自己留后路?戈恩回答说,人们喜欢结果,因为它简单,谁都能明白,谁都可以去衡量。当我们给了对方一个结果承诺,于是人们对你的态度就会积极起来。

戈恩说:"我作为公司的总裁承诺,公司明年要实现盈利,运营利润率要有一定幅度的增长,债务要得以消减。在一定的时间内要有一些量化的指标。如果达不到目标的话,我就要辞职,你不能再做第二个计划,也没有第二次机会。你只有一次机会尝试,成功了就好,如果不成功你就要辞职,由其他人来接替。从一开情况就很明确,所有的人都知道,要完全参与到这个计划中,而且所有的经营委员会成员也要参与进来。因为我们不会有第二个计划。第二个计划只能由其他人来做,所以从一开始形势就很严峻。"

当众宣布要实现三个宏伟目标,不说哪怕一个"假如",不实现结果就辞职!这就是戈恩成功的关键,在于一定要赢的结果心态。

我们得向戈恩学习,从一开始就下定决心,一定要实现结果,不实现就辞职!这就是戈恩执行的逻辑!所有员工都要树立结果观念,完全抛弃找借口的心态,树立"一定要实现"的决心。在结果面前,你需要一个"志在必夺"的决心!

一个企业有没有追求结果的精神,工作状态会截然不同。有结果意识的员工,会请缨任务、创造任务、分享任务、下达任务、执行任务、完成任务;没有结果意识的,那就是推卸责任、制造麻烦、扯皮任务、推给上司、拖延时间、不了了之。通过这个比较,可以看出以结果为取向是一种积极主动的执行文化,是一种源自内心的价值观,它所传达的理念,能够使工作者的思维模式发生巨大转变,从而使整个团队执行力高效提升。

第六章 认真能把事情做对，用心能把事情做好

为自己打工，养成认真的做事风格

工作是为了什么？

为了老板，为了薪水，为了面包，为了生存，为了养家糊口，为了……

答案五花八门，但是却没有一个选项是留给自己的。

一个人应该明白，在你工作的时候，你是在为自己工作，自己进步了，能力提升了，你才会有更大的发展空间；你在为公司工作，没有公司与团队的支持，你就失去了实现自我的舞台；你也是为了责任而工作，没有责任，人生会失去支点。

汉斯和诺恩同在一个车间里工作，每当下班的铃声响起，诺恩总是第一个换上衣服，走出厂房；而汉斯则总是最后一个离开，他十分仔细地做完自己的工作，并且在车间里走一圈，确认没有问题后才关上大门。

有一天，诺恩和汉斯在酒吧里喝酒，诺恩对汉斯说："你让我们感到很难堪。"

"为什么?"汉斯有些疑惑不解。

"你让老板认为我们不够努力。"诺恩停顿了一下又说,"要知道,我们不过是在为别人打工,不值得这么卖命。"

"是的,我们是在为老板打工,但也是在为自己打工。"汉斯的回答十分肯定有力。

"我不过是在为老板打工。"这种想法有很强的代表性,在许多人看来,工作只是一种简单的雇佣关系,做多做少、做好做坏对自己意义并不大。其实这种想法是完全错误的。建议从现在开始,把这种荒谬的想法扔到垃圾堆里。

工作不是为了老板,如果你始终认为你的工作只是应付老板,那你可能永远处于一种从属的地位,无法真正地认真工作。

有一个年轻人取得博士学位后,总是因工作岗位与自己的学历不相符,每天都奔波在求职的路上。最后,为了生计,他以大专学历在一家制造燃油机的企业担任质检员,薪水比普通工人还低。工作半个月后,他发现该公司生产成本高,产品质量差,于是他便不遗余力地说服公司老板推行改革以占领市场。

身边的同事对他说:"你看你的薪水,你为什么要这么卖劲儿?"

他笑道:"我这样是为我自己工作,我很快乐。"

几个月的改革使企业的利润增加了几千万美元,这个年轻人也因此晋升为副经理,薪水增加了几倍。

在一个聪明的员工看来，先问付出，再问回报才是正确的选择，先为企业多作贡献、水涨自然船高。企业的水不涨，员工的船自然无法前行。

那些整日忙于抱怨的人没有时间和精力认认真真做好现在的工作，以致工作常常出现问题，使得上司不敢把重要的工作委托给他们。

成功者的经验告诉我们，不管你的能力有多强，你都必须从最基础的工作做起，脚踏实地地走好每一步。职场永远不会有一步登天的事情发生，任何人要想脱颖而出，唯一的机会就是把现在的工作做好，在普通平凡的工作中创造奇迹。

不糊弄工作，合格是最低的要求

两匹马各拉一辆木车。前面的一匹走得很好，而后面的一匹常停下来东张西望，显得心不在焉。

于是，人们就把后面一辆车上的货挪到前面一辆车上去。等到后面那辆车上的东西都搬完了，后面那匹马便轻快地前进，并且对前面那匹马说："你辛苦吧，流汗吧，你越是努力干，人家越是要折磨你，真是个自找苦吃的笨蛋！"

来到车马店的时候，主人说："既然只用一匹马拉车，我养两匹马干吗？不如好好地喂养一匹，把另一匹宰掉，总还能拿到一张皮吧。"于是，主人把这匹懒马杀掉了。

把马换成人,雇主当然不会把不称职的员工杀掉,但他肯定会解雇他。而剩下的那匹马,似乎表现得"自讨苦吃",但后来却成为主人不可替代的拉车马匹。

职场很多人也像这匹马一样,经常偷懒,糊弄工作,我们称之为磨洋工。对于工作,敷衍了事,总是觉得做与不做一样,差不多就行了。

著名企业家奥·丹尼尔在他那篇著名的《员工的终极期望》中这样道:"亲爱的员工,我们之所以聘用你,是因为你能满足我们一些紧迫的需求。如果没有你也能顺利满足要求,我们就不必费这个劲了。但是,我们深信需要有一个拥有你那样的技能和经验的人,并且认为你正是帮助我们实现目标的最佳人选。于是,我们给了你这个职位,而你欣然接受了。谢谢!

"在你任职期间,你会被要求做许多事情:一般性的职责、特别的任务、团队和个人项目。你会有很多机会超越他人,显示你的优秀,并向我们证明当初聘用你的决定是多么明智。

"然而,有一项最重要的职责,或许你的上司永远都会对你秘而不宣,但你自己要始终牢牢记在心里。那就是企业对你的终极期望——

"永远做非常需要做的事,而不必等待别人要求你去做。"

这个被奥丹尼称为终极期望的理念蕴涵着这样一个重要的前提:企业中每个人都很重要。作为企业的一分子,你绝对不需要任何人的许可,就可以把工作做得漂亮出色。无论你在哪里工作,无论你的老板是谁,管理阶层都期望你始终运用个人的最佳判断和努力,为了公司的成功而把需要做的事情做好,而不糊弄工作。

有一个偏远山区的小姑娘到城市打工,由于没有什么特殊技能,于是选择了餐馆服务员这个职业。在常人看来,这是一个不需要什么技能的职业,只要招待好客人就可以了。许多人已经从事这个职业多年了,但很少有人会认真投入这个工作,因为这看起来实在没有什么需要投入的。

这个小姑娘恰恰相反,她一开始就表现出了极大的耐心,并且彻底将自己投入工作之中。一段时间以后,她不但能熟悉常来的客人,而且掌握了他们的口味,只要客人光顾,她总是千方百计地使他们高兴而来,满意而去。她不但赢得顾客的交口称赞,也为饭店增加了收益——她总是能够使顾客多点一两道菜,并且在别的服务员只照顾一桌客人的时候,她却能够独自招待几桌客人。

就在老板逐渐认识到其才能,准备提拔她做店内主管的时候,她却婉言谢绝了这个任命。原来,一位投资餐饮业的顾客看中了她的才干,准备投资与她合作,资金完全由对方投入,她负责管理和员工培训,并且郑重承诺:她将获得新店25%的股份。

现在,她已经成为一家大型餐饮企业的老板。

一个普通的餐馆务员之所以能够脱颖而出,关键在于她在本职工作之外,她思考更多的是如何完善服务和实现服务的突破,而不是只达到一个最低的标准,只做一些老板交代的事。

如果公司的员工只做老板吩咐的事,老板没交代就被动敷衍,糊弄自己的工作,那么这样的公司是不可能长久的,这样的员工也不可能有大的发展。今天,对于许多领域的市场来说,激烈的竞争环境、越来越多的变数、紧张的商业节奏,都要求员工不能事事等

待老板的吩咐。那些只依靠员工把老板交代的事做好的公司，就好像站在危险的流沙上，早晚会被淘汰、淹没。

一般人认为还可以接受的水准，对于认真工作、渴望成功的人而言，却是无法接受的低标准，他们会努力超越其他人的期望。在这样的追求过程当中，只要不是出类拔萃的表现，都不可能让人获得满足、让人心安理得。

要不断提升自己的标准，希望能够更上一层楼，不断地驱策自己摆脱平庸的桎梏。能让工作变得完美的人，需要极高的品质。高品质不是从天上掉下来的偶然，这是人们抱持高昂的企图心，诚心诚意的努力，投入心血智慧以及技能后所得到的结果。它代表的是众多选择当中的明智抉择。因此，你作出抉择之后，就会倾注全力达到这样的标准。

用心做事，思路清晰才不会漫无头绪

职场中，我们经常会遇到这样的现象：某位员工就某件事情汇报了半天，领导却不得要领，不知其主要说什么；某位员工就某件事写了一篇文字材料，洋洋数千言，可这件事到底是怎么回事，上级看了半天也不明白。这是员工自身思路混乱、效率低下的普遍表现。

松下公司是著名的世界五百强公司之一，由于待遇优厚，发展空间较大，因此是很多年轻人向往的地方。有一次，松下公司要招

聘一名高级女职员,一时应聘者如云。经过一番激烈的比拼后,安娜、杨子、鲍波三人脱颖而出,成为进入最后阶段的候选人。三个人都是名牌大学的高材生,又是各有千秋的美女,条件不相上下,因此竞争到了白热化程度。她们都在小心翼翼地做着准备,力争使自己成为"笑到最后"的胜利者。

在具有决定性的意义面试的那天早上,三人准时来到公司人事部。人事部长给她们每人发了一套白色制服和一个精致的黑色公文包,告诉她们:"三位小姐,这是你们最后一轮考试,考试的结果将直接决定你们的去留。请你们换上公司的制服,带上公文包,到总经理室参加面试。不过我要提醒你们的是,第一,总经理是个非常注重仪表的人,而你们所穿的制服上都有一小块黑色的污点。毫无疑问,当你们出现在总经理面前时,必须是一个着装整洁的人,怎样对付那个小污点,就是你们的考题。第二,总经理接见你们的时间是8点15分,也就是说,10分钟以后,你们必须准时赶到总经理室。"

三个人立即行动起来。安娜开始用手反复去揩那块污点,但却使污点越来越大,惨不忍睹。安娜紧张地央求人事部长能否给她再换一套制服,人事部长抱歉地说:"绝对不可以,而且,我认为你没有必要到总经理室去面试了。"安娜一下愣住了,沮丧地离开了人事部。与此同时,杨子飞奔到洗手间,拧开水龙头清洗那块污点。污点没有了,可制服的前襟处被浸湿了一大片,紧紧贴在身上。杨子快步移到烘干器前烘烤衣服,还没烘干时间就快到了。于是,杨子顾不得把衣服彻底烘干,赶紧往总经理室跑。

赶到总经理室门前,杨子看表,8点15分,还没迟到;更让她感

到庆幸的是,白色制服上的湿润处已经不再那么明显了,要不是仔细分辨,根本看不出曾经洗过。

杨子正准备敲门进屋,门却开了,鲍波大步走出来。杨子看见,鲍波的白色制服上,那块污迹仍然醒目地待在那里。杨子的心里踏实了,她自信地走进办公室,得体地道声:"总经理好!"总经理坐在大班桌后面,微笑地看着杨子白色制服上的湿渍,好像在"分辨"着什么。杨子有点不自在。

这时,总经理说话了:"杨子小姐,如果我没有看错的话,你的白色制服上有块地方被水浸湿了。"杨子点了点头。"是清洗那块污渍所致吗?"总经理问。杨子疑惑地看着总经理,点了点头。总经理看出杨子的疑惑,浅笑一声道:"污点是我抹上去的,也是我出的考题。在这轮考试中,鲍波是胜者,也就是说,公司最终决定录用鲍波。"

杨子感到愕然:"总经理先生,这不公平。据我所知,您是一位见不得污点的人。但我看见鲍波的白色制服上,那块污点仍然清晰可见啊!"

"问题的关键是,"总经理说,"杨子小姐,鲍波小姐没有让我发现她制服上的污点。从她走进我的办公室,那只黑色公文包就一直优雅地横在她的前襟上,她没有让我看见那块污迹。"

杨子说:"总经理先生,我还是不明白,您为什么选择了鲍波而淘汰了我呢?我准时到达您的办公室,也清除了制服上的污点,而鲍波只不过耍了个小聪明,用皮包遮住了污点。应该说,我和鲍波打了个平手。"

"不!"总经理坚定地说:"胜者确实是鲍波,因为她在处理事情时,思路清晰,善于分清主次,善于利用手中现有的条件,她的问题解决得从容而漂亮。而你,虽然也解决了问题,但你却是在手忙脚乱中完成的,你没有充分利用你现有的条件。其实,那只公文包就是我们解决问题的杠杆,而你却将它弃之一旁。如果我没猜错的话,你的'杠杆'忘在洗手间里了吧?"

鲍波的成功就在于她能用心做事,在紧要关头依然保持清晰的思路,很明确地知道公司的要求就是在最短的时间内不要让总经理看到污点,并用黑色公文包巧妙地遮住了那个污点。而安娜和杨子却乱了阵脚,安娜不假思索就开始用手反复去擦那块污点使污点越弄越大,杨子虽然以最快的时间冲进洗手间用水冲洗并用烘干机烘干,但却依然有痕迹,也不如鲍波的方法简单高效。

在工作中有很多人跟安娜和杨子一样,不停地忙碌但却达不到要求的效果,这跟他们思维混乱、盲目忙碌有很大的关系。现代的大多数工作跟《摩登时代》里那种机械拧螺丝钉的方式很不一样,它是需要调动大脑运动的高智商活动。只有用心做事,保持清晰的思路才不会漫无头绪地忙碌,才能事半功倍轻松完成任务。

戒除浮躁,不为薪水而工作

李强是一家快速消费品公司的员工,他已经在这家公司工作两年了。工作条件虽不算很好,但能学到一些东西。他每天按时上班,按部就班工作,倒也乐得轻松自在。一次,他参加同学聚会,

发现大家都发展得不错,都比自己要好一点,于是,他开始对自己的现状不满意了,考虑要向老板要求加薪,否则就找机会跳槽。终于有一天,他找到了一个机会向老板提出了加薪的要求。老板只是笑笑,没有理会他。

从那以后,李伟就再也打不起精神工作了,他开始敷衍工作。一个月后,老板把他的工作转交给了其他员工去做,大有"清理门户"的意思。因为李强也早就不想在这里"委屈"自己了,于是便递交了辞呈。让他没想到的是,接下来的几个月里,他并没有找到更好的工作,不是条件差,就是薪水更低。他只能怀着懊悔的心情找了个不如以前的工作来做。

正如李强一样,许多人对工作都缺乏务实的态度和足够的忠诚,整天只为薪水而工作,他们梦想用跳槽来达到提高薪水的目的,这种心浮气躁的人工作只会愈换愈差,薪水只会越来越低。因为他们根本无暇在自己的工作领域里积累经验和实力,积累加薪的资本。反倒是那些平常不以跳槽为念、能够务实工作的人,往往能够大展宏图。

员工的浮躁不但对企业有害,更会危害到员工自身利益。成功者的经验告诉我们,不管你的能力有多强,你都必须从最基础的工作做起,脚踏实地地走好每一步。职场永远不会有一步登天的事情发生,任何人想要高薪,唯一的机会就是把现在的工作做好,在普通平凡的工作中创造奇迹。

即使一无所有,我们每个人至少在心灵上应该是自由的,因为只有这样才能展翅高飞。如果把工作当成枷锁,那你永远都是奴隶,永远没有希望。当你的忙碌是为了自己的未来的时候,希望的曙光才能照亮你的前程。忙碌的不是傻瓜,关键在于你在为什么而忙碌。为自己的未来而忙碌,目标清晰,忙碌不打折扣,做事才会力求达到完美,才不会为了应付老板而做些无用功,才会直奔主题,用自己的奋斗和才华证明自己,积极开创充满希望的未来,打造属于自己的生存空间。

在华为,就有这样一个不浮躁的优秀员工小刘。小刘 1998 年初刚进华为的时候,公司正提倡"博士下乡,下到生产一线去实习、去锻炼"。实习结束后,领导安排他从事电磁元件的工作。堂堂的电力电子专业博士理应干一些大项目,不想却坐了"冷板凳",搞这种不起眼的小儿科,小刘实在有些想不通。

有想法归有想法,工作还要进行。就在小刘接手电磁元件的工作之后不久,公司电源产品不稳定的现象出现了,结果造成许多系统瘫痪,给客户和公司造成了巨大损失。在这种严峻的形势下,研发部领导把解决该电磁元件问题故障的重任,交给了刚进公司不到三个月的小刘。

在工程部领导和同事的支持与帮助下,小刘经过多次反复实验,逐渐理清了设计思路。又经过 60 天的日夜奋战,小刘硬是把电磁元件这块硬骨头啃下来了,使该电磁元件的市场故障率从 18%降为零,而且每年节约成本 110 万元。现在,公司所有的电源系统都采用这种电磁元件,几年过去,再未出现任何故障。

这之后,小刘又在基层实践中主动、自觉地优化设计和改进了100A 的主变压器,使每个变压器的成本由原 750 元降为 350 元,且

消除了独家供应商,减小了体积和重量,每年为公司节约成本250万元,并对公司的产品战略决策提供了依据。

小小的电磁元件这件事对小刘的触动特别大,他在帖子中不无感慨地写道:"貌似渺小的电磁元件,大家没有去重视,结果,我这个起初'气吞山河'似的'英雄'在其面前也屡次受挫、饱受煎熬,坐了两个月'冷板凳'之后,才将这件小事搞透。现在看起来,之所以出现故障,不就是因为绕线太细、匝数太多了吗?把绕线加粗、匝数减少不就行了?而我们往往一开始就只想干大事,而看不起小事,结果是小事不愿干,大事也干不好,最后只能是大家在这些小事面前束手无策、慌了手脚。当年苏联的载人航天飞机在太空爆炸,不就是因为将一行程序里的一个小数点错写成逗号而造成的吗?!电磁元件虽小,里面却有大学问。更为重要的是它是我们电源产品的核心部件,其作用举足轻重,非得要潜下心、冷静下来,否则不可能将小小的电磁元件弄透、搞明白。做大事,必先从小事做起,否则,在我们成长与发展的道路上就要做夹生饭。现在看来,当初领导让我做小事、坐'冷板凳'是对的,而自己又能够坚持下来也是对的。有专家说:'我们有许多研究学术的、搞创作的,吃亏在耐不住寂寞,总是怕别人忘记了他。由于耐不住寂寞,就不能深入地做学问,不能勤学苦练。他不知道耐得住寂寞,才能不寂寞。耐不住寂寞,偏偏寂寞。'这段话推而广之,适合于各行各业和各类人员,凡想做点事情的人,都应该先学会耐得住寂寞,先学会坐'冷板凳',先学会做小事,然后才能做大事,才能取得更大的成绩。"

小刘能够做出很大的成绩与他能够戒除浮躁，不为眼前的利益而蒙蔽，不单单为薪水而工作有莫大的关系。他能去除贪欲，沉静下来，扎扎实实地做出成绩。

在日本，一个贴商标的工作要经过两年培训才能上岗。这么简单的工作，为什么要这么做呢？就是因为他们需要能够在最高境界下工作的人。他们所推崇的最高境界又是什么呢？实际上就是稳重、踏实的工作态度和不急不躁的办事精神。相对于才华来说，踏实和稳重更加难能可贵。

第七章 只要思想不滑坡，方法总比困难多

努力做事，还要聪明地做事

从前有个小村庄，村里除了雨水没有任何水源，为了解决这个问题，村里的人决定对外签订一份送水合同，以便每天都能有人把水送到村子里。有两个人愿意接受这份工作，于是村里的长者把这份合同同时给了这两个人。

得到合同的两个人中有一个叫艾德，他立刻行动了起来。每日奔波于一里外的湖泊和村庄之间，用他的两只桶从湖中打水运回村子，并把打来的水倒在由村民们修建的一个结实的大蓄水池中。每天早晨他都比其他村民起得早，以便当村民需要用水时，蓄水池中已有足够的水供他们使用。由于起早贪黑地工作，艾德很快就开始挣钱了。尽管这是一项相当艰苦的工作，但是艾德很高兴，因为他能不断地挣钱，并且他对能够拥有两份专营合同中的一份而感到满意。

另外一个获得合同的人叫比尔。令人奇怪的是自从签订合同后比尔就消失了，几个月来，人们一直没有看见过比尔。这点令艾德兴奋不已，由于没人与他竞争，他挣到了所有的水钱。比尔干什

么去了？他做了一份详细的商业计划书，并凭借这份计划书找到了四位投资者，一起开了一家公司。6个月后，比尔带着一个施工队和一笔投资回到了村庄。花了整整一年的时间，比尔的施工队修建了一条从村庄通往湖泊的大容量的不锈钢管道。

这个村庄需要水，其他有类似环境的村庄一定也需要水。于是比尔重新制订了他的商业计划，开始向全国甚至全世界的村庄推销他的快速、大容量、低成本并且卫生的送水系统，每送出一桶水他只赚1便士，但是每天他能送几十万桶水。无论他是否工作，几十万的人都要消费这几十万桶的水，而所有的钱都流入了比尔的银行账户中。显然，比尔不但开发了使水流向村庄的管道，而且还开发了一个使钱流向自己钱包的管道。

从此以后，比尔幸福地生活着，而艾德在他的余生里仍拼命地工作，最终还是陷入了"永久"的财务问题中。

多年来，比尔和艾德的故事一直指引着人们。每当人们要作出工作决策时，这个故事都能给人以帮助，所以我们应时常问自己："我究竟是在修管道还是在运水？""我是在拼命地工作还是在聪明地工作？"

不可否认，勤奋和韧性是解决问题的必要条件，但是除此之外，我们还应当运用自己的智慧，行动前积极思考，在行动之中及时调整用以实现目标的手段。同样是解决难题，思想老化的人年复一年，机械地重复着手边的工作，没有创意的工作让人生乏味无比。相反会动脑子的人会借着问题，将工作上升到更高效的层面，自己也可"一劳永逸"。

同样是在工作,有些人只懂勤勤恳恳,循规蹈矩,终其一生也成就不大。而聪明的人却在努力寻找一种最佳的方法,在有限的条件下发挥才智的作用,将工作做到最完美。

刘宁和王楠毕业于某名牌大学企业管理专业,并同时进入一家公司。

刘宁工作努力认真、踏实肯干,每天除了工作就是工作,他好像总有忙不完的事,而且还常常自动留下来加班,天天工作到很晚才下班,但遗憾的是工作业绩平平。

王楠呢?他的想法和做事的方式总是与众不同,从不墨守成规。他总是琢磨一些"懒办法"——别人两小时完成的,他就要想办法争取一个小时完成;相同条件下,别人做到10分的效果,他要努力做到12分……老板交给他的任务,他不但完成得干净利落,而且结果也能令人满意。

一年后,王楠被委以重任,刘宁只获得象征性的加薪鼓励。

这让刘宁心里非常不平,认为王楠没有自己工作认真,也没有自己工作的时间长,凭什么业绩反而比自己好?而且还受公司的重用?自己为公司付出了那么多,反而落得竹篮打水一场空。他越想越觉得不公平,于是向公司递交了辞呈。

在我们的周围,类似刘宁这样的人并不在少数。人们习惯地认为"老黄牛"式的员工就是好员工,但事实上,"努力"工作的人并不一定会受到上司的赏识。即使你付出了200%的努力,如果没有给企业带来实际的效益,要想得到老板的赏识也是不太可能的。

在这个以效率为先、靠业绩说话的时代,努力工作固然重要,但更重要的是要用脑子。

在知识经济时代,仅仅有埋头苦干的精神已经远远不够,我们不仅要努力工作,更重要的是要学会聪明地工作。

工作并不是简单的重复作业,商场是智商的较量场,只有充分利用自己的智慧,多开动脑筋想办法才能把工作做好,才不会眼睁睁地看着机会白白溜走,更不会整天忙碌却没有任何收获。

反弹琵琶,异工同曲

有一个聪明的男孩,有一天妈妈带着他到杂货店去买东西,老板看到这个可爱的小孩,就打开一罐糖果,要小男孩自己拿一把糖果。

但是这个男孩却没有任何的动作。几次的邀请之后,老板亲自抓了一大把糖果放进他的口袋中。

回到家中,母亲很好奇地问小男孩,为什么没有自己去抓糖果而要老板抓呢?

小男孩回答得很妙:"因为我的手比较小呀!而老板的手比较大,所以他拿的一定比我拿的多很多!"

我们大多人都会跟这个小孩子的妈妈犯同一个思维错误:如果小孩想要糖肯定会伸开自己的小手去抓。故事中这个小男孩要糖,但是他要糖不抓是为了让老板的大手抓。从这个故事反映出小孩反弹琵琶的聪明和智慧:自己不抓不等于不要糖,而是为了让老板抓,大手胜过小手可以要更多的糖。

一个青年同别人一同开山,当别人把石块砸成石子运到路边,卖给建房的人时,他却直接把石块运到码头,卖给城里的花鸟商人。因这儿的石头总是奇形怪状,他认为卖重量不如卖造型。3年后,他成为村上第一个盖起瓦房的人。

后来,不许开山,只许种树,于是这儿成了果园。漫山遍野的鸭梨招徕八方客商,他们把堆积如山的梨子成筐成筐地运往北京和上海,然后再发往韩国和日本。因为这儿的梨,汁浓肉脆,纯正无比。

就在村上的人为鸭梨带来的小康日子欢呼雀跃时,卖过石头的果农卖掉果树,开始种柳。因为他发现,来这儿的客商不愁挑不到好梨子,只愁买不到盛梨子的筐。5年后,他成为村里第一个在城里买房的人。

再后来,一条铁路从这儿贯穿南北,小村对外开放,就在一些人开始集资办厂的时候,还是那个农民,在他的地头砌了一垛3米高、百米长的墙。这垛墙面向铁路,背依翠柳,两旁是一望无际的万亩梨园。坐车经过这儿的人,在欣赏盛开的梨花时,会突然看到四个大字:可口可乐。据说这是五百里山川中唯一的一个广告,那垛墙的主人凭这垛墙每年有4万元的额外收入。

20世纪90年代末,日本丰田公司亚洲区代表山田信一来华考察,当他坐火车路过这个小山村时,听到这个故事,他被主人公罕见的商业化头脑所震惊,当即决定下车寻找这个人。当山田信

一找到这个人的时候，他正在自己的店门口与对门的店主吵架，因为他店里的一套西装标价800元的时候，同样的西装对门标价750元，他标价750元的时候，对门就标价700元。一月下来，他仅批发出8套西装，而对门却批发出800套。

山田信一看到这种情形，非常失望，以为被讲故事的人欺骗了。当他弄清真相之后，立即决定以百万年薪聘请这个人，因为对门的那个店也是他的。

这个年青人总是给人意想不到的感觉，总是在反着潮流：当别人卖石子给建筑商的时候，他却买石块给花鸟商人；当别人种果树的时候，他却种柳树；当别人开一个店做生意的时候，他却开两个店做生意，还故意自己挤对自己。

他反弹了一曲曲琵琶，却收到了一次次良好的效果。做生意也是，不按套路出招，而是逆着前进，也能占领先机，抓住商机，取得良好的效果。

巴黎的一条大街上，同时住着三个不错的裁缝。可是，因为离得太近，所以生意上的竞争非常激烈。为了能够压倒别人，吸引更多的顾客，裁缝们纷纷在门口的招牌上做文章。一天，一个裁缝在门前的招牌上写上了"巴黎城里最好的裁缝"，结果吸引了许多顾客光临。看到这种情况以后，另一个裁缝也不甘示弱。第二天，他在门口挂出了"全法国最好的裁缝"的招牌，结果同样招揽了不少顾客。

第三个裁缝非常苦恼，前两个裁缝挂出的招牌吸引了大部分的顾客，如果不能想出一个更好的办法，很可能就要成为"生意最差的裁缝"了。但是，什么词可以超过"全巴黎"和"全法国"呢？如果挂出"全世界最好的裁缝"的招牌，无疑会让别人感觉到虚假，也会遭到同行的讥讽。到底应该怎么办？正当他愁眉不展的时候，儿子放学回来了。当他知道父亲发愁的原因以后，笑着说："这还不简单！"随后挥笔在招牌上写了几个字，挂了出去。

第三天，另两个裁缝站在街道上等着看他们的另一个同行的笑话，但事情却超出了他们的意料。因为，他们发现，很多顾客都被第三个裁缝"抢"走了。这是什么原因？原来，妙就妙在他的那块招牌上，只见上面写着"本街道最好的裁缝"几个大字。

在竞争日趋激烈的今天，人们更需要借助于不同常规的思维方式来取胜。在上面的故事中，面对其他人提出的全城和全国的"大"，裁缝的儿子却利用街道的"小"来做文章，并最终取得了胜利。因为在全城或者全国，他不一定是最好的，但在街道这个特定区域里，他就是最好的，而这才是具有绝对竞争力的。

反其道而行是人生的一种大智慧，当别人都在努力向前时，你不妨倒回去，做一条反向游泳的鱼，去寻找属于你的路径。

善于变通，迂回前进

当你走在路上，眼看就要到达目的地了，这时车前突然出现一块警示牌，上书四个大字："此路不通！"这时你会怎么办？

　　有人选择仍走这条路过去，大有不撞南墙不回头之势。结果可想而知，已言明"此路不通"，那个人只能在碰了钉子后灰溜溜地掉转车头，返回。这种人在工作中常常因"一根筋"思想而多次碰壁，消耗了时间和体能，却无法将工作效率提高一丁点，结果做了许多无用功。

　　有人选择驻足观望。不再向前走因为"此路不通"，却也不掉头，想法有二：一是认为自己已经走了这么远，再回头心有不甘且尚存侥幸心理；二是想如果回头了其他的路也不通怎么办？结果驻足良久也未能前进一步。这种人在工作中常常会因懦弱和优柔寡断而丧失机会，业绩没有进展不说，还会留下无尽的遗憾。

　　还有另一类人，他们会毫不犹豫地掉转车头，去寻找另外一条路。也许会再次碰壁，但他们仍会不断地进行尝试，直到找到那条可以到达目的地的路。这种人是工作中真正的勇者与智者，他们懂得变通，直到寻找到解决问题的办法。

　　某地由于一些工厂排放污水，使附近河流污染严重，以致下游居民的正常生活受到了威胁，环保部门每天都要接待数十位满腹牢骚的居民。环保部门联合有关当局决定寻找解决问题的办法。

　　他们考虑对排污水的工厂进行罚款，但罚款之后污水仍会排到河流中，不能从根本上解决问题。这条路，行不通。

　　有人建议立法强令排污工厂在厂内设置污水处理设备。本以为问题可以彻底解决了，却在法令颁布之后发现污水仍不断地排到河流中。而且，有些工厂为了掩人耳目，对排污乔装打扮，从外面不能看到有什么破绽，可污水却一刻不停地在流。这条路，仍行不通。

之后,当地有关部门立刻转变方法,采用著名思维学家德·波诺提出的设想:立一项法律——工厂的水源输入口,必须建立在它自身污水输出口的下游。

看起来这是个匪夷所思的想法,但事实证明这确实是个好方法。它能够有效地促使工厂进行自律:假如自己排出的是污水,输入的也将是污水,这样一来,能不采取措施净化输出的污水吗?

此路不通就换方法。正是遵循了这个信条,才最终找到了解决问题的办法。一个卓越的人,必是一个注重寻找方法的人。当他发现一条路不通或太挤时,就能够及时转换思路,改变方法,寻找一条更为通畅的路。工作中也是如此。一个优秀的员工必是一个善于变换思路和方法的员工,他不会固守一种思路,也不会迷信一种方法,他会审时度势,适时突破,在变化中迅速拿出新的应对方案。他相信,方法总会有的,只是自己还没有想到。

有一天,江南春外出办事等电梯的时候,听到有人抱怨电梯很慢,等电梯的时间很无聊。这一句话马上点醒了江南春:"如果有电视,人们在等电梯的时候就不会感到无聊了,效果也会比招贴画好很多。"接下来他又想:"我在电视上播广告怎么样?如果有比看广告还无聊的时间,我想大多数人还是会关注广告的。"

发现了空白,就必须马上填补空白。江南春开始实施他的"蓝海计划"。2002年6月到12月,江南春说服了第一批40栋高档写字楼。2003年1月,江南春的300台液晶显示屏装进了上海50栋

写字楼的电梯旁。2003年5月,江南春正式注册成立分众传媒(中国)控股有限公司,并担任董事局主席和首席执行官。此时的江南春决定绕开竞争惨烈的传统媒体,走"分众"之路,专攻楼宇液晶媒体。

短短19个月时间,江南春领导的分众传媒利用数字多媒体技术所建造的商业楼宇联播网就从上海发展至全国37个城市;网络覆盖面从最初的50多栋楼宇发展到6800多栋楼宇;液晶信息终端从300多个发展至12000多个;拥有75%以上的市场占有率。

从传统的广告代理到发现分众传媒的"大蛋糕",在当今市场环境瞬息万变的环境下,江南春善于变通,勇于突破常规思路,发现市场空白,运用蓝海思维,发现蓝海商机,创造了一个新的广告市场。

可见,变通能够让员工、企业灵活起来,从而产生超常的构思,提出不同凡俗的新思想、新观点。"此路不通"就换条路,"这个方法不行"就换个方法,应该成为每一个员工的工作理念。学会变通,勇于做一些别人没想到或不敢做的事情,比如反其道而行,比如走进某些禁区,这时我们或许就能打破条条框框的束缚,成为江南春那样勇为天下先的开拓者、发展者和领导者。

田忌赛马,以排序取胜

齐王和田忌赛马,规定每个人从自己的上、中、下三等马中各选一匹来赛;并约定,每有一匹马取胜可获千两黄金,每有一匹马落后要付千两黄金。当时,齐王的每一等次的马比田忌同样等次的马略胜一筹,因而,如果田忌用自己的上等马与齐王的上等马比,用自己的中等马与齐王的中等马比,用自己的下等马与齐王的下等马比,则田忌要输三次,因而要输三千两黄金。但是结果,田忌没有输,反而赢了一千两黄金。这是怎么回事呢?

原来,在赛马之前,田忌的谋士孙膑给他出了一个主意,让田忌用自己的下等马去与齐王的上等马比,用上等马与齐王的中等马比,用中等马与齐王的下等马比。田忌的下等马当然会输,但是上等马和中等马都赢了。因而田忌不仅没有输掉三千两黄金,还赢了一千两黄金。

如果把田忌赛马的这种排序方法应用到工作中,其效果与不懂得应用排序的效果有着明显的不同,其中最显著的区别就是能最大限度地避免混乱的忙碌、低效率的忙碌。

子敏和王佳在同一家公司上班,在同一办公室里做着相同的工作。这天,她们面临着同样的事情:

(1)做出下季度的部门工作计划,第二天上午交给老板;

(2)约见一个重要的客户;

(3)11:30 去机场接五年没见面的大学同学,并把他送到酒店里;

(4)要去一趟医院,诊治花粉过敏症;

(5)去银行办理相关的手续;

(6)下班后和先生约会,因为今天是个纪念日。

先看子敏是怎么做的:

因为前一天晚上睡晚了,所以子敏早晨起床有些迟,她匆忙打车到公司,还是迟到了5分钟。一进办公室的门,就听到电话响,是老板,提醒她明天一上班就要交计划书。

她打开电脑,上网到自己的信箱里,开始一一回复客户和公司的邮件,不停地打电话答复分公司的问询。最后一个电话结束,已经11点了。向上司告假一小会儿,匆忙赶到机场,还好刚过十分钟,打同学的手机看看,原来是飞机晚点。12点见到同学,送到酒店,一起吃饭。这顿饭有点心不在焉,因为14:30要和客户见面,所以一边吃饭一边打电话和客户约定地点。14点跟同学告别,赶到约定地点。因为花粉过敏,和客户约见的时候一个劲儿打喷嚏,连说sorry,真是狼狈。回到公司,刚刚坐定,想写工作计划,银行打电话来催了。赶到银行,银行突然需加一份文件,气得她跟银行工作人员理论了半天,又返回公司。这时差一个小时就下班了,她觉得太累了,不想再写那份计划书了,先给同学打了一个电话,聊聊天感觉好了许多。放下电话,看到满桌堆着的文件,忽然觉得特烦,决定整理已拖了几个星期的文件。整理完文件,已经到了下班时间。18:00跟老公约会,一起吃晚饭庆祝纪念日,有点累,不断打哈欠。回到家,老公休息了,她却不得不泡了一杯浓浓的咖啡,坐在电脑前,继续完成工作计划。

看了子敏忙乱的一天,我们再来看看王佳是怎么做的:

王佳在前一天晚上睡觉前就把第二天要做的重要的事情在脑海里过了一遍。准时上班后,开始打电话。先给各分公司打电话,请他们将相关材料通过电子邮件传送过来,并且告知上午不再接受他们的其他询问,下午她会给予答复,然后给客户打电话约时间、地点,将客户约见地点安排在同学预订酒店的楼下咖啡店里。再给机场打电话,确定班机到达时间。最后给银行打电话,确定相关手续及要准备的材料。打完电话后,抓紧写工作计划,因为前一周已经零星敲得差不多了,所以很快完成,并上传给老板。中间除了几个要接的电话,其他工作全部暂停。11点离开公司,顺便拿上了到银行的一切资料。因为知道飞机晚点半小时,所以路过医院看花粉过敏症。从医院出来,直接到机场接同学,在酒店吃了一个快乐的怀旧午餐,然后直接到旁边的咖啡店和客户谈事情。去银行办完手续后,回到公司,将上午各分公司的事务集中处理完结。17:30,接到老公打来的电话,到洗手间把自己重新打扮一番,漂漂亮亮地约会吃晚饭,过了一个有情调的纪念日。

同样的问题,子敏忙得焦头烂额,而王佳却能从容应付,还给自己留下了不少休闲时间。最主要的原因还是王佳用排序的工作方法,根据工作的规律、性质以及工作之间的联系进行了科学排序。我们在工作中也不能一忙起来就胡子眉毛一把抓,也要懂得排序,懂得用最快、最聪明的办法来安排工作进程。

庖丁解牛,分解工作难题

当一个人无法将整块牛排吞下去的时候,该怎么办?认为我

们根本无法吃下那块牛排吗?当然不。我们会用工具,将牛排切成小块,这样我们便能顺利进食。问题也就得以解决了。

中国有句俗话:一口吃不成个胖子。解决问题也同样如此。我们常常十分急躁地埋头于解决问题的过程中,希望尽快地摆脱困境。这并没有错,但是当你并没有认真了解这个问题,只是一心想着要快速解决问题的时候,这对最终的结果有害而无利。

我们常常被一个问题的复杂和棘手所吓倒,认为解决它几乎是"不可能完成的任务"。但你是否尝试过将这个吓倒了你的大问题分解成一个个小问题来解决呢?

1872年,"圆舞曲之王"约翰·施特劳斯应美国当地有关团体之邀在波士顿指挥音乐会。但谈演出计划的时候,他被这个规模惊人的音乐会吓了一跳。

原来,美国人想创造一个世界之最:由施特劳斯指挥一场有两万人参加演出的音乐会。而一个指挥家一次指挥几百人的乐队就是一件很不容易的事了,何况是两万人?

施特劳斯想了想,居然答应了。到了演出那天,音乐厅里坐满了观众。施特劳斯指挥得非常出色,两万件乐器奏起了优美的乐曲,观众听得如痴如醉。

原来,施特劳斯任的是总指挥,下面有100名助理指挥。总指挥的指挥棒一挥,助理指挥紧跟着相应指挥起来,两万件乐器齐鸣,合唱队的和声响起。

现实中的问题常常是错综复杂的,我们很难将问题一下完美解决。这时,我们就可以尝试将一个大问题分割成不同的小问题,各个击破。这样远比毫无头绪地寻找一个最佳方案要来得实际和有用。许多目标乍看起来像梦一般遥不可及,然而我们本着从零开始,点点滴滴去实现的决心,有效地将问题分解成许多个小问题,这将大大提升我们去战胜困难的信心和效率。

"一次爱一个"是1979年诺贝尔和平奖得主特雷莎修女的理念。她救助了4.2万多个被人遗弃的人,其中不少是很多人不敢接触的麻风病患者。这个数字,在许多人眼中是一个天文数字。

在谈到如何能创造这一奇迹时,特雷莎说了"一次只爱一个":"我从来不觉得这一大群人是我的负担。我看着某个人,一次只爱一个,因为我一次只能喂饱一个人,只能一个、一个、一个……就这样,我从收留一个人开始。

"如果我不收留第一个人,就不会收留4.2万个人,这整个工作,只是海洋中的一个小水滴。但是如果我不把这滴水放进大海,大海就会少了一滴水。

"你也是这样,你的家庭也是一样,只要你肯开始……一滴一滴。"

在别人看来是不可能达到的目标,特雷莎却达到了。只因为她学会了将问题和压力分解,"一次只爱一个"地去做!

许多人就是由于恐惧压力,所以向难题投降。战胜难题和压力的重要方法之一,就是善于把大难题化作小难题;将大的压力,分解为小的压力。分解问题有助于解决问题。当一个原先令你畏

惧的问题被分解成一个个小问题放在你面前时,你就能够轻而易举地征服它们。所以,尝试用吃牛排的方式来对待你的问题,你会发现那要容易得多。

打破常规,推开虚掩之门

1968年,在墨西哥奥运会百米赛道上,美国选手吉·海因斯撞线后,转过身子看运动场上的记分牌,当指示灯打出9.95的字样后,海因斯摊开双手自言自语地说了一句话,这一情景后来通过电视网络,全世界至少有几亿人看到,但当时他身边没有话筒,海因斯到底说了什么,谁都不知道。直到1984年洛杉矶奥运会前夕,一名叫戴维·帕尔的记者在办公室回放奥运会资料时好奇心大发,他找到海因斯询问此事时这句话才被公布出来。原来,自欧文创造了10.3秒的成绩后,医学界断言,人类的肉纤维承载的运动极限不会超过10秒。所以当海因斯看到自己9.95秒纪录之后,自己都有些惊呆了,原来10秒这个门不是紧锁的,它虚掩着,就像终点那根横着的绳子。于是兴奋的海因斯情不自禁地说:"上帝啊!那扇门原来是虚掩着的。"

犹太谚语说:"打开成功之门,必须勇敢地推或者拉。"成功就好比一扇虚掩着的门,只要我们鼓起勇气,勇敢地打破思维上的定式,就一定能拥有意外的收获。

成功不是命,而是创造性思维的结果。每个人都渴望成功,但唯有打破常规思维，才能突破常规生活。只要我们积极思考，发挥创新思维，在平凡的生活中，你也能实现成功的梦想。

一般情况下，人们总是惯用常规的思维方式，因为它可以使我们在思考同类或相似问题的时候，省去许多摸索和试探的步骤，不走或少走弯路，从而可以缩短思考的时间，减少精力的耗费，又可以提高思考的质量和成功率。但是，这样的思维定式往往会起一种妨碍和束缚的作用，它会使人陷在旧的思维模式的无形框框中，难以进行新的探索和尝试。因此，我们应当具有敢于打破常规的精神，摆脱束缚思维的固有模式。

美国新墨西哥高原地区的一处苹果园，遭到了一场特大冰雹的袭击，挂满枝头的苹果全被打得遍体鳞伤。苹果园主心急如焚。苹果已经订出去了，如果到时间发不出货，不仅自己会遭受巨大的经济损失，经销商也会遭到连带的经济损失。再说，如果把被冰雹砸过的苹果发给经销商，大家不满意，同样是砸自己的牌子。

园主心事重重地来到苹果园，他捡起一个被打落的苹果，擦掉上面的泥，咬了一口，发现被冰雹打过的苹果，竟变得格外甜脆。

园主立即命令员工，采摘苹果，运送出去，同时在每一个苹果箱附上一个简短的说明："朋友，这批苹果个个带伤，但请您看好，这是冰雹打出的疤痕，是西北地区的苹果特有的标记。这种苹果，果肉紧实，味道甘甜，具有妙不可言的香味。"

很快，经销商们便收到了这种带伤的苹果，大家看着苹果难看的样子，半信半疑。可尝了一口，却发现口味非常独特、甘甜异常。

从此，人们更青睐西北苹果了，消费者甚至还向经销商提出建

议,要求多进点这种带伤疤的苹果。

把疤痕当做好苹果销售的标志,无论如何都不得不佩服天才的创意。俗话说:"没有笨死的牛,只有愚死的汉。"积极地开动脑筋,给自己来场思维革命。山不转,水转;路不转,人转。

任何资源都有价值,关键是你的利用能力。豆浆稀了可以做成豆奶,稠了就把它做成豆腐,豆腐时间久了还可以做成可口的豆腐乳。善用物者无弃物,善用人者无废人。创新、转变思想,废物就能变成宝了。

一位心理学家曾经说过:"只会使用锤子的人,总是把一切问题都看成是钉子。"就好像卓别林主演的《摩登时代》里的主人公一样,由于他的工作是一天到晚拧螺丝帽,所以一切和螺丝帽相像的东西,他都会不由自主地用扳手去拧。

如果我们总是经年累月地按照一种既定的模式运行,从未尝试新方法,这就容易衍生出消极厌世、疲沓乏味之感。所以,不换思路,生活也就会变得乏味。很多人不敢打破常规的思维方式,所以他们走不出宿命般的可悲结局;而一旦摆脱了思维定式,也许可以看到许多别样的人生风景,甚至可以创造新的奇迹。

第八章 找准工作方向，做一只"偷闲"的懒蚂蚁

走出忙碌的迷雾森林，方向比距离更重要

根据日本北海道大学农学研究生院的进化生物研究小组的一项调查发现：大约80%的蚂蚁整日忙碌劳作，很少停下来休息。但在大家都在为搬运食物、修缮蚁窝而忙碌的时候，有一部分工蚁却整日无所事事，到处闲逛。人们把它们叫做"懒蚂蚁"。

生物学家在"懒蚂蚁"身上做了标记，并且断绝了蚂蚁的食物来源。这时，那些平时忙碌工作的勤劳蚂蚁一筹莫展，而"懒蚂蚁"则"挺身而出"，带领众伙伴向它早已侦察到的新的食物源转移。其实，这些"懒蚂蚁"并不是真的懒，它们四处闲逛也是在寻找食源，最重要的是它们更懂得怎样有效工作。

没有这种偷闲的"懒"，很容易迷失方向，甚至越忙越乱，越忙越危险。工作中，要学会找方法，学会"偷懒"，跳出忙碌的怪圈，又好又快地完成任务，用最少的时间来获得最多的成果。其余的时间用来享受生活，休养生息，精力充沛地投入第二天的工作，这才是最聪明的效率之道。

高尔夫球教练总是教导说,方向比距离更重要。因为打高尔夫球需要头脑和全身器官的整体协调。每次击球之前,选手都需要观察和思考,需要靠手、臂、腰、腿、脚、眼睛等各部位的有效配合进行击球。而击球的关键则在于两个"D",即方向(Direction)和距离(Distance)。初学者中有不少人只想着把球打远,而忽视了方向的重要性,其实,把球打直要比打远更重要!工作就像打高尔夫球,如果方向对了,即使走得慢也能一步一步靠近成功;可是如果方向错了,不仅白忙一场,也可能离成功越来越远。

在工作中,不少忙碌的人就像走入了雾气弥漫的森林,拼命地想缩短与林外目的地的距离,却因失去了方向感而越走越远,越来越往森林的最深处摸进。

因此,在"百忙"之中抬头看看方向很重要,只有方向正确了,你的忙碌才会有成效,你的忙碌才能到达救赎的彼岸。方向感是茫茫森林里的指南针,指引着人们按时到达目的地,方向感是漫漫黑夜里的光亮,指引着你走出忙碌的八阵图。只有明确了方向,才能缩短与成功的距离,只有明确了方向才能少些无用的忙碌。

"康师傅"的老板并不姓康,而是姓魏,来自中国台湾的魏氏四兄弟。他们1988年到大陆创业时,开发过食用油生意,也推出过"康莱蛋酥卷",但都未成功。他们的广告打得很好,如台湾电视剧《星星知我心》的女主角吴敬娴那句"用顶好清香油,顶有面子"的广告词在中央电视台播出之后马上深入人心。但是,因当时老百姓的消费水平,根本还没达到"要面子"的程度,所以也就以失败告终。后来,他们先后推出的"康莱蛋酥卷"和另外一种蓖麻油产品都因为犯了方向性的错误,看错了市场而使产品滞销。

到1991年,魏氏兄弟带来的1.5亿元新台币血本无归。直到有一次魏应行出差时,由于不习惯火车上的饮食自带了两箱方便面,没想到这些在岛内非常普通的方便面引起了同车旅客的极大兴趣,经常有人围观甚至询问何处可以买到。魏应行马上敏锐地捕捉到了这个市场的巨大需求,把握了主流方向。

当时内地生产的方便面很便宜,几毛钱一袋,但是质量很差。国外进口的方便面质量好,但是五六块钱一碗,相对于当时大多数人的消费水平来说太贵了。魏氏兄弟决定生产一种物美价廉的方便面,根据内地消费者的消费能力,把售价定在1.98元人民币。之后为这种方便面取了一个响亮的名字——"康师傅"。为了让方便面真正方便,根据消费者反映"向店员开口要筷子很不方便"的情况,他们通过研究改进,在面碗里独创性地放了一根叉子,更加方便周到。此举迅速成为一种潮流。

魏氏兄弟吸取了以前方向错误的教训,很注重消费者的实际需求。经过上万次的口味测试和调查,他们发现,内地人口味偏重,而且比较偏爱吃牛肉,于是把"红烧牛肉面"作为主打产品。1991年,适逢天津科技开发区招标,"康师傅"便在区内注册了顶益食品公司。与此同时,其广告宣传也全面铺开。广告画面漂亮的"康师傅"一经推出,立即打响,并掀起一阵抢购狂潮。公司门口一度出现批发商排长队、一麻袋一麻袋地订货的壮观场面。

方向正确了,才能避免弯路,才能做正确的事,避免瞎忙。从

20世纪80年代起,比尔·盖茨每年都要进行两次为期一周的"闭关修炼"。在这一周的时间里,他会把自己关在太平洋西北岸的一处临水别墅中,闭门谢客,拒绝和包括自己家人在内的任何人见面。他通过"闭关"使自己处于完全的封闭状态,完全脱离日常事务的烦扰,静心思考公司的发展方向,好让整个微软公司和他自己都能忙在点子上。

我们在工作中一定不能像老黄牛一样埋头拼命拉车,想当然地认为出力越大,车就跑得越快。殊不知,偏离发展的正确道路的时候车拉得越快,距离成功就会越来越远。最聪明、高效的工作就是像比尔·盖茨那样跳出忙碌的快车,随时反省和思索最根本的方向性问题。

眉毛胡子分开抓,找准问题的关键

著名的人力资源培训专家吴甘霖博士曾说过:"要解决问题,首先要对问题进行正确界定。弄清了'问题到底是什么'就等于找准了应该瞄准的'靶心'。否则,要么劳而无功,要么南辕北辙。"

面对问题,人们常有的第一感觉,就是巴不得立即找到好的方法解决问题。这样的想法无可厚非,但是,如果连自己真正面对的问题是什么,通过解决这个问题将获得什么都无法确定或是没有想清楚,那无疑是操之过急了。

眉毛胡子一把抓,结果往往是事事着手,事事落空,即使事情能做成,也要付出很大的时间和精力。与此相反,有的人不管遇到多棘手的问题,都能够以最快的速度,抓住问题的要点,并采取相应的手段,这样,再棘手的问题也能很快解决。

有一家核电厂在运营过程中遇到了严重的技术问题,导致整个核电厂生产效率的降低。核电厂的工程师虽然尽了最大的努力,但还是没能找到问题所在。于是,他们请来了一位全国顶尖的核电厂建设与工程技术顾问,看看他是否能够确定问题的所在。顾问穿上白大褂,带上写字板,就去工作了。在两天的时间里,他四处走动,在控制室察看数百个仪表、仪器,记录笔记,并且进行计算。临离开前顾问从衣兜里掏出笔,爬上梯子,在其中一个仪表上画了一个大大的"×"。"这就是问题所在。"他解释说,"把连接这个仪表的设备修理、更换好,问题就解决了。"顾问走后,工程师们把那个装置拆开,发现里面确实存在问题。故障排除后,电厂完全恢复了原来的发电能力。大约一周之后,电厂经理收到了顾问寄来的一张1万美元的"服务报酬"账单。

电厂经理对账单上的数目感到十分吃惊。尽管这个设备价值数十亿美元,并且由于机器的故障损失数额巨大,但是以电厂经理之见,顾问来到这里,只是到各处转了两天,然后在一个仪表上画了一个"×"就回去了。对于这么一项简单的工作收费1万美元似乎太高了。于是,电厂经理给顾问回信说:"我们已经收到了您的账单。能否请您将收费明细详细地逐项分列出来?好像您所做的全部工作只是在一个仪表上画了一个'×',1万美元相对于这个工作量似乎是比较高的价格。"

过了几天,电厂经理收到顾问寄来的一份新的清单,上面写

道:"在仪表上画'×':1美元;查找在哪一个仪表上画'×':9999美元。"

这个简单的故事向我们揭示了一个深刻的道理:一个人,如果想在生活中获得成功、成就和幸福,一条最重要的定律就是必须知道其生活中的每一个阶段的关键点何在,这是我们成就每一件事情的至关重要的决定因素。

不能抓住问题的关键和症结,结果是"治标不治本"。解决复杂的问题,正如一句广告词"认准病根治胃痛",只有对症下药才能起到立竿见影的效果。

在工作中,没有人不希望能最快、最有效地解决问题。但有的人能做到,有的人却做不到。这其中原因有很多,而是否懂得抓要点、抓根本是关键。

治病要讲究"对症下药",解决问题也是一样的道理,要找对关键点,抓住问题的"症结"。当你在工作中遭遇难题,一筹莫展的时候,不妨让自己冷静下来,仔细分析一下问题,找到"症结",对症下药,问题就可以顺利解决。

多年前,美国华盛顿的杰斐逊纪念堂前的石头被腐蚀得厉害,使得维护人员大伤脑筋,而且也引起了游客们的纷纷抱怨。按一般人的思路,最简单的做法就是更换石头,但这样做需要花费一大笔钱。

这时有管理人员开始不断思考:石头为什么会被腐蚀?原因是维护人员过于频繁地清洁石头。为什么需要这样频繁地清洁石头？是因为那些经常光临纪念堂的鸽子留下了太多的粪便。那为什么有这么多的鸽子来这里？因为这里有大量的蜘蛛可供它们觅食。为什么这里会有这么多的蜘蛛？因为蜘蛛是被大量的飞蛾吸引过来的。那么，为什么这里会有大量的飞蛾？原来，大群飞蛾是黄昏时被纪念堂的灯光吸引过来的。

通过不断地发问，真正的原因被找到了。之后，管理人员推迟开灯的时间。这样一来，没有了灯光，飞蛾就不会再来；没有了飞蛾，就没有蜘蛛；没有了蜘蛛，就没有鸽子；没有了鸽子，就没有了粪便；没有粪便，石头就不用频繁地清洗，自然也不会被继续腐蚀下去。

一个小小的举措，不但解决了问题，还节省了一大笔开支。把问题看透的重要性就好比医生给病人诊病，只有把病因看准了看透了才能对症下药，才能药到病除，才能避免头痛医头脚痛医脚式的毫无效果的瞎忙活，不至于拖延病情。只有把问题看透彻了，才能找到问题的症结所在，才能找到解决问题最有效的方法。

在许多领导者看来，高效能人士应当具备的最重要的能力就是发现问题关键的能力，就像人们常说的那个"钥匙圈"的故事说的，任意抽出一把钥匙，并问道："这是什么地方的钥匙？""开家门的。""它可以用来开你的汽车吗？""当然不行。""为什么不能用这把钥匙开车门呢？"答案显而易见，问题不在钥匙本身，而在你的选择和使用。解决问题也一样，最为紧要的是要找到问题的关键所在。

做最重要而非最紧要的事

伯利恒钢铁公司总裁理查斯·舒瓦普,为自己和公司的低效率而忧虑,于是去找效率专家艾维·李寻求帮助,希望李能卖给他一套思维方法,告诉他如何在较短的时间里完成更多的工作。

艾维·李说:"好!我10分钟就可以教你一套至少能提高50%的效率的最佳方法。"

"把你明天必须要做的最重要的工作记下来,按重要程度编上号码。最重要的排在首位,以此类推。早上一上班,马上从第一项工作做起,一直做到完成为止。然后用同样的方法对待第二项工作、第三项工作……直到你下班为止。即使你花了一整天的时间才完成了第一项工作,也没关系。只要它是最重要的工作,就坚持做下去。每一天都要这样做。在你对这种方法的价值深信不疑之后,叫你公司的人也这样做。"

"这套方法你愿意试多久就试多久,然后给我寄张支票,并填上你认为合适的数字。"

舒瓦普认为这个思维方式很有用,不久就填了一张2.5万美元的支票给李。舒瓦普后来坚持使用艾维·李教给他的那套方法,五年后,伯利恒钢铁公司从一个鲜为人知的小钢铁厂一跃成为最大的不需要外援的钢铁生产企业。舒瓦普常对朋友说:"我和整个团队坚持拣最重要的事情先做,我认为这是我的公司多年来最有价值的一笔投资!"

要事第一的观念如此重要,但却常常被我们遗忘。我们必须让这个重要的观念成为一种工作习惯,每当一项新工作开始时,都必须首先让自己明白什么是最重要的事,什么是我们应该花最大精力去重点做的事。

分清什么是最重要的事并不是一件易事,我们常犯的一个错误是把紧迫的事情当作最重要的事情。

紧迫只是意味着必须立即处理,比如电话铃响了,尽管你正忙得焦头烂额,也不得不放下手边工作去接听。紧迫的事通常是显而易见的,它们会给我们造成压力,逼迫我们马上采取行动。但它们往往是令人愉快的、容易完成的、有意思的,却不一定是很重要的。

重要的事情通常是与目标有密切关联的并且会对你的使命、价值观、优先的目标有帮助的事。这里有五个标准可以参照。

1. 完成这些任务可使我更接近自己的主要目标(年度目标、月目标、周目标,日目标)。

2. 完成这些任务有助于我为实现组织、部门、工作小组的整体目标做出最大贡献。

3. 我在完成这一任务的同时也可以解决其他许多问题。

4. 完成这些任务能使我获得短期或长期的最大利益,比如得到公司的认可或赢得公司的股票,等等。

5. 这些任务一旦完不成,会产生严重的负面作用:生气、责备、干扰,等等。

根据紧迫性和重要性，我们可以将每天面对的事情分为四类：即重要且紧迫的事；重要但不紧迫的事；紧迫但不重要的事；不紧迫也不重要的事。

只有合理高效地解决了重要而且紧迫的事情，你才有可能顺利地进行复命。而重要但不紧迫的事情要求我们具有更多的主动性、积极性、自觉性，早早准备，防患于未然。剩下的两类事或许有一点价值，但对目标的完成没有太大的影响。

你在平时的工作中，把大部分的时间花在哪类事情上？如果你长期把大量时间花在重要而且紧迫的事情上，可以想象你每天的忙乱程度，一个又一个问题会像海浪一样向你冲来。你十分被动地一一解决。长此以往，你早晚有一天会被击倒、压垮，相信老板再也不敢把重要的任务交给你。

只有重要而不紧迫的事才是需要大量时间去做的事。它虽然并不紧急，但决定了我们的工作业绩。80/20法则告诉我们：应该用80%的时间做能带来最高回报的事情，而用20%的时间做其他事情。复命时取得卓越成果的员工都是这样把时间用在最具有"生产力"的地方。

只有养成做要事的习惯，对最具价值的工作投入充分的时间，工作中的重要的事才不会被无限期地拖延。这样，工作对你来说就不会是一场无止境、永远也赢不了的赛跑，而是可以带来丰厚收益的活动。

做正确的事和正确地做事

思科公司董事长约翰·钱伯斯说,一流的企业培育高效能员工;高效能员工造就一流的企业。各种企业都十分注重培养员工的效能。作为一名优秀的员工,不仅要学会高效率地利用时间,还要让你的工作有效能,即保证你的工作效果,而不是盲目地追求工作的方法和时间的利用。

能够认识到什么样的工作才是有效的,能够使你的工作事半功倍。一个聪明的员工在工作当中,会先确认如何工作才是最有效的,然后才会倾其所能,努力地去完成有益并且有效的工作。然而现实中确实有很多人看上去总是在埋头解决一些当务之急,然而实际上却是在做一些无所谓的事情,做的是一些无效的工作。来看这则故事中的主人公:

一位农场主请了一个新的帮手汤米。汤米干活十分卖力。有一天农场主让他去犁田。汤米心想:老板让我一天犁完,如果我花一个上午就犁完了,他不会很高兴吗?说不定还会给我加工资呢!于是汤米劲头十足地犁起田来。中午,太阳正当头晒着,农场主想去叫汤米先回来休息一会。结果还没出门,汤米就满头大汗地回来了,并且兴高采烈地说:"老板,我的工作做完了!"农场主十分惊讶,要知道那可是一大片田地啊。他十分狐疑的走到田里去看。

"天哪!你瞧这儿!"农场主对汤米喊道:"你这种犁法怎么行?

你都犁歪了！在这样弯曲的犁沟中，玉米会长得很乱的！你应该让你的眼睛盯住田地那边的某样东西，然后以它为标准把地犁的整整齐齐！没办法，你只能重新做一遍了！"

说完十分不解地走掉了。

汤米叫苦不迭，只能顶着大太阳又埋头苦干起来。这回他一点高兴劲儿都没有了。但是有什么办法呢？谁叫他只求快而不追求做事的效能呢？

作为一名员工，如果无法分清什么工作是有效的，什么工作是无效的，那么他将会像故事中的这个汤米一样忙忙碌碌，最终却什么事也没干成。一个人在工作和生活中常常不可避免地会被各种事务所纠缠，被这些事情弄得筋疲力尽，如果没有明确想要达到的结果就盲目去干，不仅会错过自己最重要的目的，还会白白地浪费大好的时光。

常言说得好："种瓜得瓜，种豆得豆。"也就是说我们做了正确的事就要得到正确的结果。所以，我们不仅要选择做正确的事，而且要正确地做这件事，才能得到我们想要的——正确的结果。做正确的事比正确地做事更重要。

管理大师彼得·德鲁克曾在《有效的主管》一书中简明扼要地指出："效率是'以正确的方式做事'，而效能是'做正确的事'。效率和效能不应偏废，但这并不意味着效率和效能具有同样的重要性。我们当然希望同时提高效率和效能，但在效率与效能无法兼得时，我们首先应着眼于效能，然后再设法提高效率。"

在这段论述中，彼得·德鲁克提出了两组并列的概念：效率和效能,正确做事和做正确的事。在现实生活中,无论是企业的商业行为,还是个人的工作方法,人们关注的重点往往都在于前者:效率和正确做事。但实际上,第一重要的却是效能而非效率,是做正确的事,而非正确地做事。正如彼得·德鲁克所说:"对企业而言,不可缺少的是效能,而非效率。"

"正确地做事"强调的是效率,其结果是确保我们的工作是在坚实地朝着自己的目标迈进。换句话说,效率重视的是做一件事的最好方法,而效能则重视时间的最佳利用——这包括做或是不做某一项工作。麦肯锡卓越工作方法的最大秘诀就是,每一个麦肯锡人在开始工作前必须先确保自己是在"做正确的事"。

正确地做事,更要做正确的事,这不仅仅是一个重要的工作方法,更是一种很重要的工作理念。任何时候,对于任何人或者组织而言,"做正确的事"远比"正确地做事"重要。对企业的生存和发展而言,"做正确的事"是由企业战略来解决的,"正确地做事"则是执行任务。如果做的是正确的事,即使执行中有一些偏差,其结果可能不会致命;但如果做的事是错误的事情,即使执行得完美无缺,其结果对于企业来说也肯定是灾难。

第九章 落实出结果，行动见成效

落实到位，人人都管事

肯德基是美国著名的快餐连锁企业，每个店的生意都可以用宾客盈门来形容，它在中国获得了丰厚的利润，大大刺激了中国的传统饮食业。一些国内的餐饮企业很想与它一较高低，上海的"荣华鸡"即是其中之一。

荣华鸡的老板跑到肯德基去取经，到肯德基去排队买鸡，看他们怎么炸。回来后，他自己配制了几种调料，做了油炸鸡，当时是荣华鸡的一个产品。还有味道不错的罗宋汤，还有一个上海人最喜欢吃的咸菜炒毛豆。从口味来说，绝对适合中国人的口味，价格也比肯德基要便宜。

1994年，荣华鸡在北京开了第一家分店，并声称："肯德基开到哪儿，我就开到哪儿！"

当荣华鸡扬起挑战"肯德基"大旗之时，一时间门庭若市，效益最好的黄浦店，一年就有300多万的利润。北到黑龙江，南到江西，都有红底白字"荣华鸡"的分店。在一些地段，荣华鸡的生意的确超过了洋鸡，让中式快餐着实扬眉吐气了一番。可是，随着时光的

慢慢推移,荣华鸡在与肯德基的较量中逐渐落入下风,到了2000年,随着荣华鸡快餐店从北京安定门撤出,荣华鸡为期6年的PK生涯,画上了一个不太圆满的句号。

为什么中国的荣华鸡比不过肯德基?

我们不能简单地从产品质量和结构来看竞争优势。有关专家总结认为,肯德基的真正优势在于落实力,肯德基有一套严格的管理制度,并有着一套严格的规范保证这些标准得到一丝不苟的落实,比如肯德基规定它的鸡养到七星期,一定要杀,到第八星期虽然肉长得最多,但肉的质量就会太老。切青菜与肉菜的先后顺序与刀刃粗细(而不是随心所欲)、烹煮时间的分秒限定(而不是任意更改)、清洁卫生的具体打扫流程与质量评价量化,乃至于点菜、换菜、结账、送客、遇到不同问题的文明规范用语、每日各环节差错检讨与评估等上百道工序都有严格的规定。这种落实力能够保证顾客吃到的是一模一样的食品,享受到的是一模一样的服务,有利于肯德基批量化的生产。

而荣华鸡也制定了一系列的管理制度,比如坚持"五个统一",可是并没有得到落实:普遍感觉昏暗的铺面、表情木讷的服务员、油乎乎的桌椅似乎已经成了国内同行的通用标签,总有苍蝇在餐馆内飞舞,也是中式快餐难以消除的恶疾。当年荣华鸡的店员就曾当着顾客的面在柜台内用苍蝇拍打苍蝇,而盛着炒饭鸡腿的柜台根本就不加遮盖⋯⋯

没有落实到位,这正是荣华鸡在与肯德基的较量中败走麦城的原因。

如果一个经理认为他的职责就是下达命令,他下达了命令就是落实了自己的职责,那么他就大错特错了。一个经理的落实力不是表现在他会不会下达命令,而是看他能不能让这个命令得到落实。落实到位就是把口头上讲的,纸上写的东西,如理论、路线、方针、政策、计划、规划、方案、意见等,付诸实施,并达到预期目标。

拿破仑曾经说过:"想得好是聪明,计划得好更聪明,做得好是最聪明!"任何伟大的目标、伟大的计划,最终必然要落实到行动上。

在海尔,有一个坚持了十多年的工作准则,即每一位员工每天都要根据"当天的工作当天完成,今天的工作一定要比昨天提高"的思想,不断地找出工作中的不足与失误,总结经验教训,以便日后更好地工作。这就是"日清工作法",即"日事日清,日清日高"。

"日清工作法"是海尔集团奉行的最重要的员工行为准则,是海尔集团传授给每一位新员工的第一个理念。它强化的是每一位员工必须想尽办法完成每天的工作目标、落实自己的责任,而不是为没有完成工作寻找借口,或者得过且过。它体现的是一种完美的落实能力,一种负责的精神,一种追求卓越的态度。其核心是责任的落实。这一理念成为倍增企业效率的最重要的准则。

海尔的另一个责任原则——事事有人管,人人都管事。大到一个设备,小到一个电灯开关,都有责任人。发生任何的纰漏,总能找到人来对号入座。

海尔电冰箱厂有个材料库,楼高五层,整个大楼有2945块玻璃。为保证这两千多块玻璃"日清日洁",主管在这2945块玻璃的

角上设置了编号小条,条上写有擦玻璃人和监督者的编码,发现哪一块玻璃脏,马上就能找到这两个人。

海尔电冰箱,从钢板成型到冰箱出厂,共有156道工序、545项责任,因为责任落到了实处,所以保证了质量。

沃尔玛——现今全球最大的零售企业,其当家人罗伯特·沃尔顿一再强调,沃尔玛能够有今天的成就,落实力起了不可估量的作用。沃尔玛的营业形态再古老不过了,店面零售是最早的商业形态之一,但是,如今它已经成为优秀企业的典范。一个普通得不能再普通的战略,产生了一家全球第一的企业,只要沃尔玛想得到的,它总是能够得到。不能不说"落实到位"是沃尔玛的核心能力之一。

IBM 的 CEO 郭士纳带领着 IBM 公司所有的成员成功向"IT 服务业"转型,谱写了"大象也会跳舞"的业界传奇。20 世纪 90 年代以来,IBM 尽显大家风范,进退有据、纵横捭阖、不断超越,成为 IT 产业中最具核心竞争力的企业。其中,卓越的落实力功不可没。

成功的商界领袖,集体向大家展示了"落实"在企业领域举足轻重的意义。这更加凸显了落实在新经济时代里的价值与意义,人人都管事对企业的价值和意义。

锁定责任,才能锁定结果

在著名的麦氏饭店,每一个员工都要为自己的工作高度负责。

这是美国一家以经营牛肉饼为主的快餐公司,他们把员工分为一线人员、实习助理、二级助理、一级助理、参观经理、巡视员、大区顾问、总部经理八个层次,以保证每件事情都有人负责。

不用说,一线人员是各个工种的人员,如采购、配料、烹制、收银,等等。在其岗位上出现了漏洞,他们将要自动负起主要责任。

实习助理通常由刚进公司的有学历的年轻人担当。任期半年内,他们要到公司各个基层岗位工作,如采购、配调料、收款等。他们必须保证一线岗位的清洁和周到服务,有任何问题将直接由他们负责。

二级助理要承担的是一部分管理工作,如订货、计划、排班、统计等环节。在这个范围内,所有事物也直接由他们负责。

一级助理肩负更多更重要的责任,他们每个人都必须在餐馆中独当一面。出现任何决策上的失误,他们将负直接责任。

参观经理首先要在公司总部接受全面、系统的为期20天的培训,然后将全面负责某一家餐厅的所有事务。

从经理晋升为巡视员后,将负责同一城市5~6家餐馆之间的协调沟通,下级同上级间信息的传达和决策的执行。

大区顾问是公司派驻某一地区下属15家左右餐馆的代表。作为公司15家左右餐馆的顾问,他的责任更重大,其主要职责是保持总部与各个餐馆之间信息交流畅通。同时,大区顾问还肩负着诸如组织培训、提供建议、企业标准的制定之类的重要使命,成为总公司在这一地区的全权代表。

总部经理的职责不用过多介绍,他自然是负责集团总部的各项决策的制定和修改,把握整个连锁经营的方向。如若出现决策

失误,那么他也将负最大责任。

麦氏饭店的这种责任管理体制锁定了每个人员的责任,保证了良好的工作效率。在麦氏饭店,多数员工表现都十分出色,这家公司也一直继续保持着美国饮食业中的美誉。

作为一名员工,工作就意味着结果和责任,因为你必须用结果来证明自己的价值。结果怎样,与其他人无关,只在于你是不是真正地对企业、对自己负责!明确自己的责任——老板是这么要求的,同样你也应该这样要求你自己。要想成为一名不可替代的员工,就要明白一个基本的道理,那就是:对结果负责。对老板负责是必须的,但更重要的是你要对结果负责,对自己负责。

锁定责任是为自己的承诺负责,为自己行为负责的一种踏踏实实的工作精神。锁定责任,你将会看到结果的美好。如果你想成为卓越的人才,如果你想要成功,那么最关键的问题就是:"你是否对结果真正负责。"亨利·沃德·毕察曾经说,"决定一次航行是否成功,不是离港起航,而是归航入港。"

所以无论在什么工作中,锁定你的责任吧!我们应该秉承这样的责任观:无论发生什么问题,都要达到预期的结果!

在一次奥运会的马拉松比赛中,众多选手已经顺利完成了比赛。人们发现,只有坦桑尼亚选手艾克瓦里仍坚持着,吃力地跑进了奥运体育场。

他是最后一名抵达终点的运动员,而这场比赛的优胜者早就已经领了奖杯。此时的艾克瓦里的双腿已经是沾满血污,但他没有放弃,仍然一瘸一拐,坚持到了终点。

于是,有人好奇地问道:"比赛不是早就结束了吗,你为什么还要跑到终点啊?这既不会给你们国家赢得积分,更不可能拿奖。"

艾克瓦里已经累得说不出话来,但他仍然轻声地回答说:"我的国家送我来这里,不仅仅是叫我起跑的,而是派我来完成这场比赛的。"

艾克瓦里心中装的不是成败,而是结果,结果就是必须完成比赛!无论结果好坏,他都给国家一个问心无愧的结果。

其实,对结果负责,就是对我们的工作负责,就是对我们忙的价值负责。责任是忙碌的核心内容。那些富有责任感的员工做事更有效率,更容易获得成功。他们不仅对工作过程负责,更会对结果负责。他们只在意是否做了正确的事情,而绝不为恶劣的表现找借口。

负责任的员工愿意接受别人的考验和审查,喜欢承担以贡献为导向的任务。成功的人一定是负责任的人。他们关注结果,并想尽一切办法去获得结果。将责任根植于内心,让它成为我们脑海中一种强烈的意识,在日常活动和工作中,这种责任意识会让我们在忙碌的工作中表现得更加卓越。

公司就是你的船,永远不做旁观者

在员工精神中,有一句口号:公司就是你的船!它告诉我们,

把自己的命运和企业的命运联系在一起,把自己的发展同企业的发展联系在一起,树立自己工作的主人翁意识,才能够到达成功的彼岸!

这句口号源于这样一个故事:

迈克尔·阿伯拉肖夫是美国导弹驱逐舰本福尔德号的舰长。1997年6月,当迈克尔·阿伯拉肖夫接管本福尔德号的时候,船上的水兵士气消沉,很多人都讨厌待在这艘船上,甚至想赶紧退役。

但是,两年之后,这种情况彻底发生了改变。全体官兵上下一心,整个团队士气高昂。本福尔德号变成了美国海军的一只王牌驱逐舰。

迈克尔·阿伯拉肖夫用什么魔法使得本福尔德号发生了这样翻天覆地的变化呢?他用的就是这句口号:"这是你的船!"

迈克尔·阿伯拉肖夫对士兵说:"这是你的船,所以你要对它负责,你要让它变成最好的,你要与这艘船共命运,你要与这艘船上的所有人共命运。所有属于你的事,你都要自己来决定,你必须对自己的行为负责!"

在迈克尔·阿伯拉肖夫倡导的这种精神的引领下,"这是你的船"就成了本福尔德号的口号。所有的水兵都觉得管理好本福尔德号就是自己的职责所在。

在波澜壮阔的市场海洋里,企业就像是一条船,若没有了企业这条船,船上所有的人就无法生存。无论是老板还是员工,一旦上了这条船,都是一名船员,船的命运就是所有人的命运。所以,无论你是一名普通员工,还是一名高层主管,一旦加入了公司,就应当把自己看成公司的主人。你必须以主人的心态来管理照料这条船,而不是以一种乘客的心态无视它的存亡。

"公司怎么样那是领导的事,跟我没关系,大不了换个地方呗。"这是典型的没有责任感的员工心态。这是一个旁观者的做法。公司就就像你的船,你的家,"天下兴亡,匹夫有责"——这句话同样可以用到企业中。作为一名船员,作为这条船的主人,你不能让自己做一个问题的旁观者,你应该时刻关注它的发展,关注它所面临的挑战和机遇,心忧企业兴衰,与企业同舟共济,共同成长。

由于公司的安排工作失误,旅游旺季到来之时,一家旅行社以往的签约顾客居然一个都没有来,旅行社陷入了前所未有的危机之中。

当面对所有的员工时,老板觉得自己对不起公司的员工。老板说:"我很遗憾公司出现了这样的事情。现在,公司的资金出现了周转困难,我只能发给你们发两个月的薪水。在你们找到新的工作之前,也许这些钱可能还够用。我知道,有的人想辞职,要是在平时我会挽留大家,但在这个时候大家想走,我会立刻批准,因为我已经没有挽留大家的理由了。"

"老板,您放心,我们是不会走的,我们不能在这个时候离开,我们一定会战胜困难的。"一个员工说。

"是的,我们不会走的。"很多人都在说……

结果,所有的员工都留了下来,积极地为老板出谋划策,共同

协力帮助企业度过了这一难关,而后来的业绩甚至比以前做得还要好。

当企业遭遇风雨、身陷困境、面临破产,这些员工不但没有逃避,却选择了义不容辞地坚守!这不但给予了老板信心、勇气和力量,而且也给了企业起死回生的机会。

海尔的一名员工这样说过:"我会随时把我听到的看到的关于海尔的意见记下来,不论是在朋友的聚会中,还是走在街上听到陌生人说的话。因为作为一名员工,我有责任让我们的产品更好,我们有责任让我们的企业更成熟更完善。"

既然我们都是船上的一员,那么它就是我们战斗和生活的地方。自觉地维护这条船,保障它的利益不受威胁,是每个人神圣的使命!

自动自发,主动做最有价值的事

陈嘉是一家公司的秘书。陈嘉的工作就是整理、撰写、打印一些材料。陈嘉的工作单调而乏味,很多人都这么认为。但陈嘉不觉得,陈嘉觉得自己的工作很好,陈嘉说:"检验工作的唯一标准就是你做得好不好,不是别的。"

陈嘉整天做着这些工作,做久了,陈嘉发现公司的文件中存在着很多问题,甚至一些经营运作方面也存在着问题。

于是,陈嘉除了每天必做的工作之外,她还细心地搜集一些资料,甚至是过期的资料,她把这些资料整理分类,然后进行分析,写出建议。为此,她还查询了很多有关经营方面的书籍。

最后,她把打印好的分析结果和有关证明资料一并交给了老板。老板起初并没有在意,一次偶然的机会,老板读到了陈嘉的这份建议。这让老板非常吃惊,这个年轻的秘书,居然有这样缜密的心思,而且她的分析井井有条,细致入微。后来,陈嘉的建议中有很多条都被采纳了。

老板很欣慰,他觉得有这样的员工是他的骄傲。

当然,陈嘉也被老板委以重任。陈嘉觉得没必要这样,因为,她觉得她只比正常的工作多做了一点点。

但是,老板却觉得她为公司做了很多很多。

你是否也能像陈嘉一样,每天多做一点点的努力,自动自发,主动做有价值的工作。工作需要自动自发,它不是我们为了谋生才去做的事,而是超越了工作本身、是我们渴望去做、有意义的一项事业!

"每天多一些努力",不是语言上的空洞表白,而要成为行动上的真正表现。如果你能够真正做到这一点,你就会在工作中有所作为。要做到这些其实并不难,只需要比老板规定的上班时间早到一些,利用这点儿时间把一天的工作梳理清楚,不让一天过得混乱;主动地对待工作,不要等着老板追问时才意识到工作还没有做完;利用时间把一天的工作整理一下,分清哪些做得不够好,哪些需要改进,然后为自己明天的努力鼓励自己一下。

　　1997年李曦作为索尼中国公司成立后的公关部成员,她的工作主要是协助老板处理索尼公司与媒体的关系、产品的公关、新技术的信息传播,还有对内的信息管理。

　　但这些工作都是公关部自己争取来的。索尼本身的业务非常大,各种各样的人都在散着做,大家也不知道公关部门是干什么的,也很难理解。为了便于同事了解公司的动态,李曦和同事创办了索尼在中国的内部通讯。

　　看到这份通讯,大家都很高兴,知道了现在索尼在全球发生了什么,CEO现在在谈些什么,整个公司的发展方向是什么,在中国的整体策略是什么,还有其他们部门在做些什么。内部通讯既成了员工瞭望公司的窗口,也成了公关部展示自己的样品。

　　李曦所在的公关部,负责的不仅是索尼中国有限公司本身,索尼在中国各种各样业务单位的相关事宜,她们都在统一协调。她们不仅是索尼中国有限公司里面的一个部门,而且是索尼整个在华业务公关方面的一个平台,所有相关业务机构都可以利用这个平台去做事。

　　李曦说:"我在索尼工作最大的体会,就是要独立主动地开拓工作。谁有主动性,谁就负责比较多的事情。因为在索尼,你必须自己去找工作,如果你自己不去找工作的话,就永远没有发展机会。你的工作也许不一定反映在你的职位上,但它的确是你自己的财富。你做多做少,公司的领导层是看得见的,而且你做好做坏,老板也会看得相当清楚。"

　　索尼公司的企业文化就是员工要行为自觉,就是要你去找事

做。自动自发的工作,才能在公司有地位。作为一个部门,要主动揽公司的事,而员工也要主动找事做。

无论老板在与不在,你都应当提醒自己主动工作,自动自发地做好每一件事情。在任何一个公司里,那些不必老板交代就自己找事做的员工、那些接到任务时不会找借口的员工,那些永远也不问"怎么办"而是自己动手去克服困难的员工、那些主动请命为公司工作的员工就是老板心目中最优秀的员工,在有升职机会时,老板第一个想到的就是这些人。

每个老板都喜欢积极主动、善解人意的员工,每个人也都愿意和这种人共事。如果你总能保持主动率先的工作精神,比自己分内的多做一点,比别人期待的多服务一点,你就可以吸引老板的注意,得到加薪和升迁的机会。

第十章 提高时间的效率，做最有价值的事

提高工作效率，而不是延长工作时间

一家贸易公司的主管刘天宏被医生告知患了心脏病，以后每天只能上班三四个小时。虽然刘天宏曾经是个工作狂，但无奈之下，他也只能遵照医生的嘱咐，开始每天工作三到四个小时。一段时间后，他很惊奇地发现，这三四个小时所做的事在质和量方面与以往每天花费八九个钟头所做的事居然差不多！这太不可思议了！分析了很久，他得出了一个解释便是：工作时间被迫缩短，所以他只好将它花在最关键的工作上。关键工作的完成保证了他的工作效率和效能。

我们强调的效率是掌握良好的工作方法，而不是延长工作时间。有些人非常繁忙，似乎有许多事情要做，他们也常常为了完成任务而拼命加班，所有的时间管理专家都不鼓励你为完成工作任务而延长工作时间，因为那样只会把工作的战线越拖越长，提高时间利用率，提高工作效率才是正确的解决之道。

整天像一只无头苍蝇一样忙个不停的人是不会有高效率的，

我们来看一下发生在花旗银行的一位名叫丽莎的新职员身上的事情就会明白这一点。

丽莎刚接手新工作,工作起来感到特别吃力。她来到人力资源部主管心理咨询的经理办公室咨询。

"上司交代我起草一份销售计划书,我决定到网上找一份标准的销售计划书样本。可是,搜索计划书样本用去了整整一天的时间。"

"用去了一天时间?"经理皮克惊讶地大声问道,但另一方面,他也好像明白丽莎的问题究竟出在什么地方了。

"你知道,经理,对于我们很多人来说,早晨到办公室的第一件事就是打开计算机。大约在9点40分的时候,我终于回复完了邮件,然后……"

"什么?你用了40分钟时间回复邮件?"皮克不禁又一次惊讶地叫了起来。"我相信,等到你真正开始工作的时候,恐怕都已经是上午11点了。"没等丽莎回答,皮克就接着说道,"我建议你把所有的琐事都放在一个固定的时间里处理。一般我们早上的时候精力一般都比较充沛,而到了下午四点钟左右,我们就会比较疲劳,所以我总是把像回复那些并不重要的电子邮件,整理文件,或者是拨打维修电话之类的工作放到这段时间去完成。"

从丽莎的工作方法,我们可以看出,效果和时间并不一定成正比,关键看你是如何把时间分配在你的大小事务上的。

我们提倡在工作中提高效率,更快更好地完成任务,并不是说要以延长工作时间,甚至是牺牲自己的休息时间为代价。强迫自己工作,只会耗损体力和创造力。解决这一问题的关键仍是找方法,找到了合理的工作方法,不但能够保证工作高效地完成,你还能从中享受到工作的乐趣。我们需要时间暂时停下工作,而且要经常这么做。每当你放慢脚步,让自己静下来,就可以和内在的力量接触,获得更多能量重新出发。一旦我们能了解,工作的过程比结果更令人满足,我们就更能够乐于工作了。

掌握你的时间节奏

美国的时间管理之父阿兰·拉金说:"勤劳不一定有好报,要学会掌控你的时间。"金钱可以被储蓄,知识可以被累积,但时间却不能被保留。要造就高效的工作效率,要有时间管理的意识。只有善于掌控时间,才能摆脱忙碌紧张的状态,使工作高效有序地得到落实,成为工作和辛勤劳动的受益者。

著名的设计师安德鲁·伯利蒂奥曾经是一个疲于奔命的工作狂。

每天,他把大量的时间用在设计和研究上,除此之外,他还负责很多方面的事务。他风尘仆仆地从一个地方赶到另一个地方,不放心任何人,每一件工作都要自己亲自参与了才放心。时间长了,他的设计受到了很大影响,常常到最后关头才拿出作品,并且因为时间紧凑,作品的质量常常不尽如人意。

其实,在他的时间里,有很大一部分都浪费在管理其他乱七八糟的事情上。而最重要的设计工作反而只能占用一小部分时间。

有人问他:"为什么你的时间总是显得不够用呢?"他笑着说:"因为我要管的事情太多了!"但他却没弄明白,关键的原因在于他没有分好工作内容的主次。

后来,一位教授见他整天忙得晕头转向的,但仍然没有取得令人骄傲的成绩,便对他说:"人大可不必那样忙!"

就是这句"人大可不必那样忙!"给了他很大的启发,他在听到这句话的一瞬间醒悟了。他突然发现自己虽然整天都在忙,但能产生真正价值的事情实在是太少了!这样做实在一点好处也没有,反而会制约目标的实现。

大梦初醒的安德鲁从此调整了时间的分配,有了时间管理的意识。他除去了那些无关紧要的细小工作,把时间主要用在方案的设计上。因为时间得到了有效的运用,不久之后他出版了传世之作《建筑学四书》,此书成为建筑界的"圣经"。

掌握时间的节奏,首先要明确工作的主次。没有工作计划是浪费时间的首要原因。不要把时间浪费在毫无意义的事情上。让时间服务于绩效。

被人们称为时间管理大师的哈林·史密斯曾经提出过"神奇三小时"的概念,如果我们在晚上10点睡觉、早上5点起床的话,我们的睡眠时间仍然是7个小时。而一般人如果在午夜12点入睡,早上7点起床的话,他们的睡眠时间也同样是7个小时而已。所以我们在这里提倡早睡早起,运用"神奇的三小时"这一概念,只是非常有策略性地将休息和工作的时间对调了一下,我们将晚上10点至午夜12点这段本是用来看电视、看报纸、娱乐、应酬的时间用于睡眠,而早上5~8点这段本应用来睡眠的时间,则用来做一些更重要的事情。

注意快慢适度,把握好时间节奏。我们应该掌控自己的节奏,高效率地运用每时每刻。对每个成功的人来说,时间管理是很重要的一环。时间是最重要的资产,每一分每一秒逝去之后再也不会回头,关键是如何有效地利用你的时间。

曾经引起微软和Google两大公司争讼的杰出华裔人才李开复博士,在他的励志书《做最好的自己》里头,写了自己的一则往事。

李开复念大学时,该大学法学院院长想要为该院的成绩查询系统设计一套新软件,以和旧的系统接轨。本来想要委托校外的软件设计公司执行,但听说他是个程序设计高手,就聘请他当工读生,付他相当高的暑假工读费。

李开复很开心,心想,这样简单的要求,根本难不倒他,满口答应:"我八月初就可以大致弄好,开始运行,到九月开学时,一定可以正式运作。"

由于他认为此事难不倒他,于是并没有马上开始设计工作,一放假先昏天黑地地和同学打了三个礼拜桥牌,开始工作后才发现,事情没有他想得那么简单,有许多烦琐的东西要处理。院长问他做到哪里了,他改口说:八月底可以大致弄好,应该不妨碍开学以后系统的运作吧。

院长发现他前期进度很缓慢,大为恼火,说自己根本不该把这

么重要的事交给一个学生,马上叫他不要做了,请校外的公司接手。

李开复马上低头认错,并且把已经收到的工读费还给院长。院长并没有要他还,只是告诫他,希望他从此事得到教训。

李开复由于没有掌控好时间的节奏,而导致完成不了工作,让院长大动肝火。如果李开复每天白天工作6小时,然后开心地去打桥牌,也许他能按时完成工作。时间节奏的掌控很重要,如果做一件事,一开始进度就慢了下来,老板对你是绝对不会有信心的,如果你能够主动跟他报告进度,他就会对你另眼相看。

珍惜每一分钟,最大化时间的价值,几乎是每一位成功者必修的一课。学会有效地管理时间,才能保证做事的效率。

把时间花在关键问题上

1897年,意大利经济学家帕累托偶然注意到英国人的财富和收益模式,于是潜心研究这一模式,并于后来提出了著名的80/20法则。80/20法则告诉人们一个道理,就是要把自己的时间和精力放在自己最重要的事情上,就可能用更少的时间做更多的事。这也是一个人有效忙碌、忙到点子上的关键。

理查德·科克在牛津大学读书时,学兄告诉他千万不要上课,"要尽可能做得快,没有必要把一本书从头到尾全部读完,除非你是为了享受读书本身的乐趣。在你读书时,应该领悟这本书的精髓,这比读完整本书有价值得多。"这位学兄想表达的意思实际上是:一本书80%的价值,已经在20%的页数中就阐明了,所以只要看完整部书的20%就可以了。

理查德·科克很喜欢这种学习的方法,而且以后一直沿用它。牛津并没有一个连续的评分系统,课程结束时的期末考试就足以裁定一个学生在学校的成绩。他发现,如果分析了过去的考试试题,把所学到知识的20%,甚至更少的与课程有关的知识准备充分,就有把握回答好试卷中80%的题目。这就是为什么专精于一小部分内容的学生,可以给主考人留下深刻的印象,而那些什么都知道一点但没有一门精通的学生却不尽考官之意。这项心得让他并没有披星戴月终日辛苦地学习,但依然取得了很好的成绩。

理查德·科克到壳牌石油公司工作后,在可怕的炼油厂内服务。他很快就意识到,像他这种既年轻又没有什么经验的人,最好的工作也许是咨询业。所以,他去了费城,并且比较轻松地获取了Wharton工商管理的硕士学位,随后加盟一家顶尖的美国咨询公司。上班的第一天,他领到的薪水是壳牌石油公司的4倍。

就在这里,理查德·科克发现了许多二八法则的实例。咨询行业80%的成长,几乎全部来自专业人员不到20%的公司。而80%的快速升职也只有在小公司里才有,有没有才能根本不是主要的问题。当他离开第一家咨询公司,跳槽到第二家的时候,他惊奇地发现,新同事比以前公司的同事更有效率。怎么会出现这样的现象呢?新同事并没有更卖力地工作,但他们在两个主要方面充分利用了二八法则。不久后,理查德·科克确信,对于咨询师和

他们的客户来说,努力和报酬之间也没有什么关系,即使有也是微不足道的。

一个做事高效的员工应当忙于要事,而不是一味地努力像头老黄牛只知道一味地低头向前。应像理查德一样,工作中有许多人都是实行80/20法则的典范,比如下面的两个管理顾问,你可以从他们身上得到启示。

解决问题不能一味地靠决心和蛮力,最重要的还是要发现问题的关键。就像人们常说的"钥匙圈"的故事:任意抽出一把钥匙,并问道:"这是什么地方的钥匙?""开家门的。""它可以用来开你的汽车吗?""当然不行。""为什么不能用这把钥匙开车门呢?"答案显而易见,问题不在钥匙本身,而在你的选择和使用。解决问题也一样,最为紧要的是要找到解决问题的关键。

一个是杰克,全公司里除了创立者之外,他是唯一一个不是工作狂的人。没有人知道杰克如何运用时间,也不知道他的工作时数是多少,但他的确逍遥自在。他只参加重要客户的会议,把所有精力拿来思考如何在与重要客户的交易中增加获利,然后再安排用最少人力达成此目的。杰克的手上从未同时有三件以上的急事,通常一次只有一件,其他的则暂时摆在一旁。

另一个是詹森。他的办公室很小,里面还有很多其他同事,是一个非常拥挤且躁动的办公室,有人打电话,有人正准备着向客户做报告,屋子里到处是声音。

但詹森好比一片平静的绿洲,把注意力全部集中在分内的事上，他在运筹帷幄。有时他会带几位同事到其他安静的房间内，向他们解释他对每一个人的要求，不只是讲一两遍，而是再三说明，务求交代所有细节。然后，会要求同仁重述一遍他们即将进行的工作。詹森的动作慢，看似毫无生气，且近乎半聋，但他是非常棒的领导者。他把所有时间都拿来思索哪件工作最具价值，谁是最合适的执行者。然后，紧盯着事情的进度。

你应该把时间花在关键的少数问题上，因为解决这些关键的少数问题，你只需花费20%的时间，即可取得80%的成效。这是高效员工的必备法则，掌握着个法则，效率就会大大地提高。

80/20法则告诉我们：取得卓越成果的员工都是这样把时间用在最具有"生产力"的地方。

在最佳状态下工作

精神状态能如何影响工作，不是任何人都清楚，但是我们都知道没有人愿意跟一个整天提不起精神的人打交道，也没有哪一个领导愿意提拔一个精神萎靡不振、牢骚满腹的员工。

微软的招聘官曾指出："从人力资源的角度来讲，我们愿意招的员工，他首先是一个非常有激情的人，对公司有激情、对技术有激情、对工作有激情。可能他在这个行业涉世不深，年纪也不大，但是他有激情，和他谈完之后，你会受到感染，愿意给他一个机会。"

刚刚进入公司的员工,自觉工作经验缺乏,为了弥补不足,常常早来晚走,斗志昂扬,就算是忙得没时间吃饭,依然很开心,因为工作有挑战性,感受也是全新的。这种工作时激情四射的状态,几乎每个人在初入职场时都经历过。可是,这份工作激情来自对工作的新鲜感,以及对工作中可预见问题的征服感,一旦新鲜感消失,工作驾轻就熟,激情也往往随之溜走。一切又开始平平淡淡,昔日充满创意的想法消失了,每天的工作只是应付完了即可。既厌倦又无奈,不知道自己的方向在哪里,也不清楚究竟怎样才能找回令自己心跳的激情。在领导的眼中也由一个前途无量的员工变成了一个比较称职的员工。

现今这个充满竞争的社会里,在以成败论英雄的工作中,谁能自始至终陪伴、鼓励、帮助我们呢?同事、亲人和朋友们,都不能做到这一点。唯有我们自己才能激励自己更好地迎接每一次的挑战。所以要想变得积极起来完全取决于我们自己。

如果我们每天清晨始终以最佳的精神状态出现在办公室里,面带微笑问候一声同事,以昂扬的精神状态投入工作,感染周围的同事,工作时神情专注,走路时昂首挺胸,与人交谈时面带微笑……愈是疲倦的时候,就要表现得愈好、愈显精神,让人完全看不出一丝倦容,这样会给周围的人带来积极的影响。

良好的工作状态是我们责任心和上进心的外在表现,这正是领导期望看到的。在这个社会中,人们都承受着巨大的有形或者无形的压力。所以就算生活、工作不尽如人意,也不要愁眉不展、无所事事,要学会掌控自己的情绪,让一切变得积极起来。让我们始终对未来充满希望!明天会更好!如果我们乐观,一切事情都是亮色的,包括糟糕的事情,如果我们悲观,一切事情都是灰色的,包括美好的事情。所以保持对工作的新鲜感是保证我们工作激情的有效方法。

可是这做起来很难,不管什么工作都有从开始接触到全面熟悉的过程。要想保持对工作的恒久的新鲜感,首先必须改变工作只是一种谋生手段的认识,把自己的事业、成功和目前的工作连接起来;其次,保持长久激情的秘诀,就是给自己不断树立新的目标,挖掘新鲜感;把曾经的梦想捡起来,寻找机会去实现它;审视自己的工作,看看有哪些事情可以更好地处理,然后把想法实施到工作中,认同企业文化培养归属感,对自己的企业和工作感到骄傲,在我们解决了一个又一个的问题后,自然就产生了一些小小的成就感,也会因此受到鼓舞,感觉生活是美好的,这种新鲜感觉就是让激情每天陪伴自己的最佳良药。

热爱工作并充满激情。不要扼杀对美好事物的追求和热情,对我们的工作倾入全部的热情,每天精神饱满地去迎接工作,以最佳的精神状态去发挥自己的才能,就能充分发掘自己的潜能。我们的内心同时也会变化,越发有信心,别人也就会认同我们存在的价值。

做好时间的规划

有的人工作起来似乎一天到晚都很忙,并且常常加班,为何非得加班不可呢?那多半是由于工作管理拙劣所致,避免加班的关

键在于行程表的拟订。

你若要成为一个卓越的员工或经理人,就需要先安排相关的基础知识的学习时间、社会实践的时间。你得大致计划一下,突破一门课程需要花多长时间,什么时候进入管理实践,向内行学习。你若以搞发明创造为目标,就得在学习科学理论、向他人求教、动手制作、实验等几个领域分配好时间和精力。

哈伯德先生曾在著作中指出,善于为时间立预算、做规划,是管理时间的重要战略,是时间运筹的第一步。成功目标是管理时间的先导和根据,你应以明确的目标为轴心,对自己的一生做出规划并排出达到目标的期限。

立计划,也包括对"预算"的检查督促。你要经常检查某一短期目标是否如期完成。我们可以记工作日志,或将完成每件事花的时间记录下来。《如何掌控你的时间与生活》一书的作者拉金说过:"一个人做事缺乏计划,就等于计划着失败。有些人每天早上预订好一天的工作,然后照此实行。他们是有效地利用时间的人。而那些平时毫无计划,靠遇事现打主意过日子的人,只有'混乱'二字。"一个人要提高自己做事的目的性,忙于要事,就要养成善于规划的好习惯,避免眉毛胡子一把抓。

总之,拟订周期行程表是件非常重要的事。我们可以尝试拟订行程表,让自己的工作行程、同事的活动、上司的预定计划、公司的整体动向等事情一目了然。

由于自己的工作并非完全孤立,所以必须将它定位在所属部门的目标、公司整体的目标乃至外界环境的变动上,才能保证计划的合理性。

只要尝试拟订行程表,原本凌乱不堪的各种预定计划,就会显得条理井然起来。人们之所以工作忙得不可开交,究其原因是由于总在工作即将终止之时,赶紧手忙脚乱加班熬夜之故。这种做法,经常导致工作水平下降。总之,及早着手准备才是快速完成工作的保障。

如果能够拟订行程表,设定进修时间、休闲时间、与家人沟通的时间,自己和家人都将因此取得默契,步调一致。此外,通过与家人的沟通,不但可以减轻日常生活的紧张压力,而且能够使你涌现新的活力。

先忧后乐乃是时间计划的基本原则。把这种个人时间管理模式推荐给家人,可有效避免和家人发生冲突。

让我们来看一看一个具体的周末假日行程表。

首先,所谓周末假日究竟是从什么时候开始,到什么时候结束呢?

一般的看法是从周六早上到周日晚间为止。不过如果想要利用周末假日,充分争取时间进行自我启发的话,这样看是不行的。

所谓周末假日是从周五晚间到周一早上为止的时间。如此解释的话,就有将近三天的假期可资运用,无妨将它当做一个整体时段来加以掌握。

倘若这种理念成立的话,周五晚间的度过方法就变得十分重要。

周六和周日,还是应该早起。如果失之严苛的话,恐有难以持续之虞,因此不妨稍微放松,比平日晚起一两个小时也没关系,尽可能和家人共用早餐为宜。

其次,要将周六、周日的上午定为主要进修时间,不足的部分排入周六、周日的晚间。周日晚间不排计划只管就寝,周一早上提早起床也就可以做到。

一般而言,周末假日要将工作暂且付诸脑后,好好地调剂身心才是提高工作效率的良方。不过,有件事情非常重要,就是必须为下周一开始的工作预作心理准备。

如果等到下周一早上再来定下下周的进修行程表,事实上已经太迟了。本周日晚间才是思考并定下下周行程表的绝佳时机。

做好规划是对做什么、不做什么以及怎样做才能让时间升值的关键。高效做事就要养成对时间做规划、立计划的习惯。

提升能力,做一个以一当十的员工

有这样一个脍炙人口的故事。

一个以砍柴为生的老人有两个儿子,老人的身体越来越不好,他希望在临终前让两个儿子学会养活自己。

于是,老人拿出两把钝斧头,给儿子们一天时间,让他们去砍柴,看看他们到日落时能砍多少。

大儿子为了让父亲高兴,急急忙忙地拿着斧头进了树林,二话不说便开始砍树。可惜斧头实在太钝了,他累得满头大汗,一天下来也没有多少成果。

小儿子比较聪明,一动手就发现问题所在,他停下来,不慌不忙地把斧头磨得锋利无比,再砍树就轻松多了……

日落之时,老人看着两个大小不一的柴捆,摇了摇头,对大儿子说:"难道你不觉得斧头很钝呀?"大儿子吞吞吐吐地说:"我也知道斧头钝,我……我是为了抓紧时间,才没顾得上磨。"老人语重心长地说:"时间是要抓紧,可是磨刀不误砍柴工,蛮干是不行的。"

同样的技术、同样的力气,如果斧头不一样,工作效率肯定不同,小儿子的斧头足够锋利,工作效率就高;大儿子怕耽误时间而不磨斧头,费的力气更大,浪费的时间更多,工作效率却很低。

很多员工一生都在兢兢业业地努力工作,不敢让自己有丝毫的停歇,这样的人,我们不能说他们不够忙碌,也不能说他们不够敬业。但是无论他们怎么努力都无法取得好的成绩,得到丰厚的薪水,这恐怕跟他们没有随着时间推移不断提高自己的能力有很大的关系。

磨刀不误砍柴工。工欲善其事,必先利其器。把"刀"磨快了,才能砍到更多的柴。通过学习提升能力如同磨刀之于砍柴,不仅不会浪费时间,而且还会大大提高自身的各项素质,从而达到充实自我、提高自我、提高工作效率的目的。

日本"经营之神"松下幸之助年轻时曾经在一家电器商店当过学徒。同时在这家店里帮工的还有另外两个学徒,他们都是同时进入这家商店的。开始时,三人薪水很低,另两个学徒时常发些牢骚和抱怨,对工作日渐马虎起来。

松下以前从来没有做过电器方面的事情,这次到了一家电器

商店工作,面对着那么多的电子产品,他感到了自己的无知。他每天都比别人晚下班,用这些时间阅读各种电子产品的说明书;同时其他两个同事外出休闲的时候,他参加了电器修理培训班。他花了大量的时间在学习电器知识上面,因为他决心用学习让自己成为这方面的行家。在这种时候,他的两个同事却因为这些而嘲笑他。而这一切都无法阻止松下继续学习的决心。

终于,通过不断的努力,他从一个对电器一窍不通的学徒变成了一个能够给顾客清楚明了地讲解电器知识的专家,并且还可以自己动手修理与设计电器。这一切努力都没有白费,店主将这一切都看在眼里,对松下的这种学习精神非常赏识,不久便将他由普通学员变成了正式员工,并且将店里的很多事情都交给他处理。这为松下以后的创业打下了坚实的基础。与之相反,他的两个同事最后的结果却是,因为一直没有学识上的进步,最终只能被商店解雇。

只有提升自己解决问题的能力,磨砺自己能力的刀锋,才能"恢恢乎游刃"于问题之中,才能登上职业金字塔的最顶端。

无论从事什么职业,都应该精通,成为自己职业领域的专家。与其他有能力做这件事的人相比,如果你是工作方面的行家里手,你就能轻松地创造出他人无法创造的业绩,就能赢得良好的声誉。

无论你从事的是什么工作,不管你所在的公司条件是好是差,只要你静下心来钻研业务,坚持不懈地努力,你就能达到专家的境界,在自己的岗位上创造一个又一个奇迹!

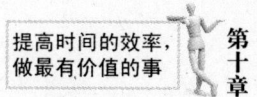

"无论从事什么职业,都应该精通它!"让这句话成为你的座右铭。如果你能够全身心地投入自己的工作,积极地学习行业知识,让自己成为公司的"专家"员工,那么有朝一日,你会发现自己已经是一名以一当十的员工了。

第十一章 告别"瞎忙",从简单的地方入手

简化工作,合理安排

有一家杂志社曾举办过一项奖金高达数万元的有奖征答活动,内容是:

在一个热气球上,载着三位关系着人类命运的科学家。

第一位是一名粮食专家,他能在不毛之地甚至在外星球上,运用专业知识成功地种植粮食作物,使人类彻底脱离饥荒。

第二位是一名医学专家,他的研究可拯救无数的人们,使人类彻底摆脱诸如癌症、艾滋病之类绝症的困扰。

第三位是一名核物理学家,他有能力防止全球性的核子战争,使地球免于遭受灭亡的绝境。

由于载重量太大,热气球即将坠毁,必须丢出去一个人以减轻重量,使其余的两人得以存活。请问,该丢出去哪一位科学家?

征答活动开始之后,因为奖金数额庞大,很快吸引了社会各界人士的广泛参与,并且引起了某电视台的关注。在收到的应答信中,每个人都使出浑身解数,充分发挥自己丰富的想象力来阐述他们认为必须将哪位科学家丢出去的"妙论"。

最后的结果通过电视台揭晓,并举行了热闹的颁奖仪式,高额奖金的得主是一个14岁的小男孩。他的答案是:将最胖的那位科学家丢出去。

这个故事为我们提示了这样一个道理,很多事情其实很简单,但人们往往把它们复杂化了。化繁为简,善于把复杂的事物简明化,是防止忙乱、获得事半功倍之有效的法宝。工作中,我们经常看到有的人善于把复杂的事物简明化、办事又快又好,效率高;而有的人却把简单的事情复杂化,迷惑于复杂纷繁的现象中,结果陷在里面走不出来,工作忙乱被动,办事效率极低。

美国贸易委员会主席唐纳德在《提高生产率》一书中讲到提高效率的"三原则",即为了提高效率,每做一件事情时,应该先问三个"能不能":能不能取消它?能不能把它与别的事情合并起来做?能不能用更简便的方法来取代它?

我们接受的普通教育和大多数训练都指导我们把握每一个可变因素,找出每一个应对方案,分析问题的角度应尽可能多样化。因此,事情变得异常复杂,我们当中"最优秀"的人提出了最佳的建议和方案。这些建议和方案也无疑是最复杂的!

久而久之,我们开始习惯于一种定式思维——最复杂的就是最好的。复杂化的问题从小就开始伴随着我们,成为我们生活和工作的一部分。

其实,处理复杂问题最有效的方法是简单。美国通用电气前CEO杰克·韦尔奇说:"你简直无法想象让人们变得简单是一件多么困难的事,他们恐惧简单,唯恐一旦自己变得简单就会被人说成是大脑简单。而现实生活中,事实正相反,那些思路清楚、做事高效的人正是最懂得简单的人。"同理,我们在做事情的时候也应当注意从简单的地方入手,利用简单的手段解决复杂的问题。

航海家哥伦布发现美洲后回到西班牙,女王为他摆宴庆功。

酒席上,许多王公大臣、名流绅士都瞧不起这个没有爵位的人,纷纷出言相讽。

"没什么了不起,我出去航海,一样会发现新大陆。"

"只要朝一个方向航行,就会有重大发现!"

"驾驶帆船,太容易了!女王不应给他这样高的奖赏。"

这时,哥伦布从桌上拿起一个鸡蛋,笑着问大家:"各位尊贵的先生,哪位能把这个鸡蛋立起来?"

于是一些自以为能力超群的人物纷纷开始立那个鸡蛋,但左立右立,站着立坐着立,想尽了办法,也立不住椭圆形的鸡蛋。

"我们立不起来,你也一定立不起来!"

哥伦布拿起鸡蛋,"砰"的一声往桌上磕了一下,大头破了,鸡蛋牢牢地立在桌子上。众人嚷道:"这谁不会呀!这太简单了!"

哥伦布微笑着说:"是的,这很简单,但在这之前你们为什么想不到呢?"

很多事情解决起来很简单,并没有看上去得那么复杂,只是我们把它想得太复杂了。我们生活在一个复杂的时代,大大小小的问题,被描述得复杂不堪,使人望而却步。我们要参加烦琐的会议,要阐述复杂的概念,要面对复杂的管理,要接受复杂的企业文

化……然而我们却发现企业的效率越来越低,管理成本越来越高,我们把时间浪费在繁杂的事务上。这个时候就一定要学会把烦琐累赘一刀砍掉,让事情保持简单!这就是奥卡姆剃刀原则:把复杂的对象剃成最简单的对象,然后再着手解决问题。

简化问题,避免冗繁是我们提高工作效率的重要途径。无论我们做什么事,最简单的方法就是最好的方法。曾任苹果电脑公司总裁的约翰·斯卡利说过:"未来属于简单思考的人。"马上行动,追求简单,事情就会变得越来越容易。反之,任何事都会对你产生威胁,让你感到棘手、头痛,精力与热情也跟着下降,就像必须用双手推动一堵牢固的墙似的,费好大的劲儿才能完成某件事情。化繁为简,可以让你的工作变得可行,可以让你逃离忙碌的苦海深渊,轻松完成老板下达的任务。

纵观全局,掌握关键点

在20世纪60年代中期,杜德拉在委内瑞拉的首都拥有一家很小的玻璃制造公司。可是,他并不满足于干这个行当,他学过石油工程,他认为石油是个能赚大钱且更能施展自己才干的行业,他一心想跻身于石油界。

有一天,他从朋友那里得到一则信息,说是阿根廷打算从国际市场上采购价值2000万美元的丁烷气。得此信息,他充满了希望,认为跻身于石油界的良机已到,于是立即前往阿根廷活动,想争取到这笔合同。去后,他才知道早已有英国石油公司和壳牌石油公司两个老牌大企业在频繁活动了。这是两家十分难以对付的竞争对手，更何况自己对经营石油业并不熟悉，资本又不雄厚，要成交这笔生意难度很大。但他并没有就此罢休，他决定采取迂回战术。

一天，他从一个朋友处了解到阿根廷的牛肉过剩，急于找门路出口外销。他灵机一动，感到幸运之神到来了，这等于向他提供了同英国石油公司及壳牌公司同等竞争的机会，对此他充满了必胜的信心。

他旋即去找阿根廷政府。当时他虽然还没有掌握丁烷气，但他确信自己能够弄到，他对阿根廷政府说："如果你们向我买2000万美元的丁烷气，我便买你2000万美元的牛肉。"当时，阿根廷政府想赶紧把牛肉推销出去，便把购买丁烷气的投标给了杜德拉，他终于战胜了两个强大的竞争对手。

投标争取到后，他立即筹办丁烷气。他随即飞往西班牙，当时西班牙有一家大船厂，由于缺少订货而濒临倒闭。西班牙政府对这家船厂的命运十分关心，想挽救这家船厂。

这一则消息，对杜德拉来说，又是一个可以把握的好机会。他便去找西班牙政府商谈，杜德拉说："假如你们向我买2000万美元的牛肉，我便向你们的船厂订制一艘价值2000万美元的超级油轮。"西班牙政府官员对此求之不得，当即拍板成交，马上通过西班牙驻阿根廷使馆，与阿根廷政府联络，请阿根廷政府将杜德拉所订购的2000万美元的牛肉，直接运到西班牙来。

杜德拉把2000万美元的牛肉转销出去之后，继续寻找丁烷气。他到了美国费城，找到太阳石油公司，他对太阳石油公司说："如果你们能出2000万美元租用我这条油轮，我就向你们购买2000万美

元的丁烷气。"太阳石油公司接受了杜德拉的建议。从此,他便打进了石油业,实现了跻身于石油界的愿望。经过苦心经营,他终于成为委内瑞拉石油界的巨子。

在系统思维中,整体与要素的关系是辩证统一的。整体离不开要素,但要素只有在整体中才成其为要素。从其性能、地位和作用看,整体起着主导、统帅的作用。因此,我们观察和处理问题时,必须着眼于事物的整体,把整体的功能和效益作为我们认识和解决问题的出发点和归宿。

查尔斯是于1970年加入了凯蒙航空公司从事业务工作,3年以后,美国西南航空公司出资买下了这家公司,查尔斯先后担任了市场调研部主管和公司经理,使得这家公司发展成北美第一流的旅游航空公司。

查尔斯的经营才能得到了公司高层领导的高度重视,他们决定对查尔斯进一步委以重任。航联下属的一家国内民航公司购置了一批喷气式客机,由于经营不善,连年亏损,到最后就连购机款也偿还不起。1978年,查尔斯调任该公司的总经理。担任新职的查尔斯充分发挥了擅长重点思维的才干,他上任不久,就抓住了公司经营中的问题症结:国内民航公司所订的收费标准不合理,早晚高峰时间的票价和中午空闲时间的票价一样。查尔斯将正午班机的票价削减一半以上,以吸引去瑞典湖区、山区的滑雪者和登山野营者。此举一出,很快就吸引了大批旅客,载客量猛增。查尔斯任主管后的第一年,国内民航公司即扭亏为盈,并获得了丰厚利润。

　　查尔斯认为,如果停止使用那些大而无用的飞机,公司的客运量还会有进一步的增长。一般旅客都希望乘坐直达班机,但庞大的"空中巴士"无法满足他们的这一愿望,尽管DC-9客机座位较少,但如果让它们从斯堪的纳维亚的城市直飞伦敦或巴黎,就能赚钱。但是原来的安排是DC-9客机一般到了哥本哈根客运中心就停飞,旅客只好去转乘巨型"空中客车"。查尔斯把这些"空中客车"撤出航线,仅供包租之用,辟设了奥斯陆—巴黎之类的直达航线。与此同时,查尔斯的另一举措也充分显示了他的把握事物重点的能力,这就是"翻新旧机"。当时市场上的那些新型飞机引不起查尔斯的兴趣,他说,就乘客的舒适程度而言,从DC-3客机问世之日起,客机在这方面并无多大的改进,他敦促客机制造厂改革机舱的布局,腾出地盘来加宽过道,使旅客可以随身携带更多的小件行李。查尔斯不会想不到他手下的飞机已使用达14年之久,但是他声称,秘诀在于让旅客觉得客机是新的。西南航空公司拿出1500万美元(约为购买一架新DC-9客机所需要费用的65%)来给客机整容,更换内部设施,让班机服务人员换上时尚新装。公司的DC-9客机一直使用到1990年。靠着那些焕然一新的DC-9客机,招徕越来越多的旅客,当然,滚滚财源也随之而来。

　　查尔斯是一个能够善于全局思考、系统思考并把握事物关键的人。这也是我们解决问题必须要把握的一个重要原则。

　　纵观全局在于能够看清复杂而微妙的结构。以熟习系统思考作为管理修炼,其精义在于当其他人只能看到片片段段的事件

而被迫不断作出反应之际,自己已经能看清全貌,并掌握其中关键。

见树又见林的工作艺术

美国总统卡特大概是埋首处理国事最深者。然而卡特总统被许多人看做是一名成效不太卓著的领导者。在他卸职的时候,支持他的人只占22%,是自从第二次世界大战结束以来,包括尼克松在内,所有总统之中最低的一位。

卡特是复杂性的受害者,他渴望知道所有问题的第一手资料,这使他淹没于细节之中,对于这些细节的整体面反而没有一个清楚的视角。事实上卡特并非一特殊的个案,当今在公共部门或私人企业中,大部分的领导者都会迷失在细节中,而忽略了重大问题背后整体的症结所在,更遑论去找出真正巧妙、正确而持续有效的策略。

人们大多忘记了"见树又见林"的工作艺术,也没有了解到其最大的好处:虽然"见树又见林"的谚语自古就提醒世人观照全局的重要性,但是往往当我们后退,试图扩展视野时,看见的仍是许多树木。我们总是挑取个人偏爱的一二项,然后把注意力集中在这几项的改变。

今天的世界复杂性日益提高,造成许多管理者认为自己缺乏有效行动所需的资讯。管理者所面对的是资讯过多而非不足。最需要的是一种方法,去辨认何者重要、何者不重要,知道哪些事情应专注、哪些事情不必太重视。

二战结束后不久,欧洲盟军总司令艾森豪威尔出任哥伦比亚大学校长。副校长安排他听有关部门的汇报,考虑到系主任一级人员太多,只安排他会见各学院的院长及相关学科的联合部主任,每天见两三位,每位谈半个钟头。

在听了十几位先生的汇报后,艾森豪威尔把副校长找来,不耐烦地问他总共要听多少人的汇报,回答说共有63位。艾氏大惊:"天啊,太多了!先生,你知道我从前做盟军总司令,那是人类有史以来最庞大的一支军队,而我只需接见三位直接指挥的将军,他们的手下我完全不用过问,更不需接见。想不到,做一个大学的校长,竟要接见63位主要的首长。他们谈的,我大部分不懂,但又不能不细心地听他们说下去,这实在是糟蹋了他们宝贵的时间,对学校也没有好处。你订的那张日程表,是不是可以取消了呢?"

艾氏后来又当选了美国总统。一次,他正在打高尔夫球,白宫送来急件要他批示,总统助理事先拟定了"赞成"与"否定"两个批示,只待他挑一个签名即可。谁知艾氏一时不能决定便在两个批示后各签了个名,说道:"请狄克(即副总统尼克松)帮我批一个吧。"然后,若无其事地去打球了。

艾森豪威尔能够从司令、校长一路高歌猛进到美国总统,究其原因就是因为他没有陷入琐事的汪洋和泥塘,他删繁就简,只抓要事。

工作效率最高的人是那些对无足轻重的事情无动于衷,却对那些较重要的事情无法无动于衷的人。一个人如果过于努力想把所有事情都做好,他就不会把最重要的事做好。

霍普金斯是前美国总统富兰克林·罗斯福的亲密顾问和朋友,二战期间曾担任华盛顿的红衣主教。他虽然身患重病,每两天才能工作几个小时,但是由于他把所有精力都投入到真正重要的事情上,同时抛开一切次要的事务,所取得的成效连常人都无法比拟。

为了要在事业上有所成就,为了要恪守自己的规矩和原则,就不得不减少与那些和自己的事业没什么关系的人来往。处在知识日新月异的信息时代,人们常因繁重的工作而紧张忙碌。如果想提高自己的工作效率,让自己忙出效率和业绩,就要培养自己见树又见林的工作艺术的习惯。

员工之所以业绩优秀,就是因为他们能够有效利用时间,见树又见林。这样的员工是高效率的员工,也是当今老板所器重的员工,他们迟早会成为纵横职场的核心人物。

要务优先,分清事情的轻重缓急

有这样一个故事:

在课堂上,老师拿了一个玻璃杯,里面放了一个大石头,差不多和杯子一样大,老师问大家:杯子满了吗?

一个学生回答:没满,还可以放沙子。

待学生放完沙子,老师又问:满了吗?

全班同学回答满了,有一个男孩却回答没有满,还可以放水。

老师笑了,接着把沙子和石头倒出来,杯子是空的。

这回老师是往杯子里放沙子和水,然后问大家,杯子满了吗?如果要放石头进去,该怎么放?

男孩就把杯子里的沙子和水倒出来,先把石头放进去。

如果我们先把沙子和水放到杯子里,就相当于我们先把琐碎的事情优先处理,重要的事就如同那块大石头放不进杯子里一样,没有足够的时间或精力去完成了。如果我们分不清事情的轻重缓急,把主要精力放在微不足道的事情上,那么重要的事情就很难完成了。

我们在工作中难免会被各种琐事、杂事所纠缠,如果没有掌握高效能的工作方法,就会被这些事弄得筋疲力尽、心烦意乱,总是静不下心来做该做的事;或者是被那些看似急迫的事所蒙蔽,根本就不知道哪些是最应该做的事,结果白白浪费了时间。

在医院里,尤其是在急诊室里,如果同时来了一批病人,护士会对这些病人进行"检伤分类",即根据紧急状况、受伤的严重程度、患者的生存几率,决定对患者施以治疗的优先顺序。一个车祸的病人会比一个骨折的病人得到优先的治疗,即使骨折的病人是先到的医院。

优先要务强调的是分类,以及确保你时时盯紧那些最重要的事情,这样可以帮助员工克服拖延的毛病。如果你养成了根据工

作的轻重缓急来组织和行事的习惯,你就能把工作逐一归类,合理地支配时间,做最重要的事,那么你就将不再为繁忙的工作所累,也不会再在没有多大意义的事上浪费时间。我们在对待每一项工作时也应该做好"检伤分类",只有这样,重要的事情才会优先得到处理,也就是做到要务优先,而不是按照先来先办的方式去做。知道什么事情最重要的员工,在处理这些优先要务时,很少会有拖延的情形发生。

单单列一张任务清单是远远不够的,清单上的任务还要有一个先后顺序,就是要体现出主次地位,也就是我们这一节要讲到的优先要务。

凡事都有轻重缓急,重要性最高的事情,不应该与重要性最低的事情混为一谈,应该优先处理。

优先要务在字典里的解释是:

1. 比较早或者比较重要,在排序或排名上靠前,居于第一位的权利;

2. 比另一个项目或考虑事项重要的某种事情。

查尔斯·卢克曼是一个默默无闻的人,在12年后,他变成了培素登公司的董事长,并且每年有20万美元的薪金,另外还有100万美元的不定向分红。他是如何成功的呢?卢克曼说:"就我记忆所及,我每天早上五点钟起床,因为那时我的头脑要比其他时间更清醒。这样我可以比较快地计划一天的工作,按事情的重要程度来安排作时的先后次序。"

如果你把大多数时间都花在次要的事情上,那么大多数重大目标都无法达成。所以,作为一个优秀员工,你必须学会根据自己

的核心价值,排定日常工作的优先原则,并养成习惯,坚持下去,并把这些事安排到自己的例行工作中。

　　分轻重缓急!这样才能一步一步地把事情做得有节奏、有条理,避免拖延。工作的一个基本原则是,要把最重要的事情放在第一位。

第十二章 做事到位，争取工作零缺陷

第一次就把事情做对

一天，会计小昕结完账后，才发现应收账款的总账和明细账相差20元，到底哪里出错了？小昕从月初的第一张记账凭证开始查找，可是每张凭证都没错，难道是记账时记错了？于是他又把明细账与凭证对了一遍，也没错！还有什么地方会出错呢？唉！会不会是凭证汇总时出了问题呢？于是小昕又一笔一笔地核对，最后终于找到了原因，原来汇总时她把科目汇总错了。为了这20元，小昕花了整整一个下午，而且错误找出来了，账要改，报表也要改。

如果当初小昕认真一点、仔细一点，就不用再浪费这么多的时间和精力。如果当初仅仅是为了赶时间、讲效率而忙中出错的话，那么最终的结局早已事与愿违。此后，小昕抱定一个念头，不做则不做，做就把事情做对。

第一次没把事情做对，忙着改错，改错中又很容易忙出新的错误，恶性循环的死结越缠越紧。这些错误往往不仅让自己忙，还会放大到让很多人跟着你忙，造成巨大的人力和物资损失。

盲目的忙乱毫无价值，无论我们自己的工作再忙，也要在必要的时候停下来思考一下，用脑子使巧劲解决问题，而不盲目地拼体力交差，第一次就把事情做好，把该做的工作做到位，这正是解决"忙症"的要诀。

第一次没有把事情做对，不仅会给自己的工作带来很大的麻烦，还会给上司和同事带来工作上的不便，严重时还会给公司造成经济损失或形象损失。对于上司安排你去做的事情，你不去做，上司就要去做；你做不到位，上司就要返工。从管理角度来说，公司花了高薪聘请你的上司，成本是你的十倍以上；从经济意义上来说，他花一小时完成的事，你花一天的时间完成也值。同样的道理，一件小事，你花了一个小时做完交给了他，当他发现了不完善的地方，再去补充、修改，花半个小时，如果这样，还是你费半天时间把事情第一次就做好要合算。

所以，只要在工作完成之前想一想出错后可能给自己和公司带来的麻烦、造成的损失，就应该能够理解"第一次就把事情做对"这句话的重要性。

"第一次就把事情做对"是著名管理学家克劳斯"零缺陷"理论的精髓之一。第一次就做对是最便宜的经营之道！所以，要想把事情做对，就要让别人知道什么是对的，如果去做才是对的。在给出做某事的标准之前，我们没有理由让别人按照自己想当然的"对"的标准去做。

一次工程施工中，师傅们正在紧张地工作着。一位师傅需要一把扳手，他叫身边的小徒弟："去，给我拿一把扳手。"小徒弟飞奔而去。师傅等了许久，小徒弟才气喘吁吁地跑回来，拿回一把巨大的扳手说："扳手拿来了，真是不好找！"

可师傅发现这并不是他需要的扳手，便生气地说："谁让你拿这么大的扳手呀！"小徒弟没有说话，但是显得很委屈。这时师傅才发现，自己叫徒弟拿扳手的时候，并没有告诉徒弟自己需要多大的扳手，也没有告诉徒弟到哪里去找这样的扳手。自己以为徒弟应该知道这些，可实际上徒弟并不知道。于是师傅明白了，发生问题的关键在于自己，因为他并没有明确告诉徒弟做这件事的具体要求和途径。

第二次，师傅明确地告诉徒弟，到某间库房的某个位置，拿一个多大尺码的扳手。这回，没过多久，小徒弟就拿着他想要的扳手回来了。

第一次就把事情做对，是对员工的期待，它时时刻刻惊醒员工们，要尽最大的可能，在接受每一件事情时，抱着"第一次就做对"的态度。

第一次就把事情做对，是对"质量"品质的要求，只有"第一次就做对"，才能尽可能减少废品，保证质量。

第一次就把事情做对，需要员工有扎实的职业技能基础，需要员工对"第一次"从事的工作有充分的准备。

如果企业在招聘人才时，没有第一次就找到"对"的人，让"对"的人来为企业工作，接下来你可能会不停地为这个头痛任务的所作所为收拾残局，需要不断为他惹的"麻烦"进行处理和善后，也需要为他不能和企业成员融洽相处等各式后遗症，不断疲于奔波，解

决处理。为其收拾残局所花费的心力，比当初谨慎选择一位适合的人才，要多10倍或20倍的心力及时间，这是在为自己没能在一开始就把问题处理好买单。因此，我们怎能不第一次就把事情做好呢？

在数据或文件归档时，如果在第一次就把事情做对，就会省下不少时间，省去我们无数次翻箱倒柜，只为了寻找以前所看过的资料或收集的文章；不停地将名片盒反复查看，只为了寻找一位联系人的名片。

第一次就把事情做对，要求我们在一开始就花费更多的时间和投入更多的精力，但是，以后却会省去大量的时间和一些不必要的麻烦。对企业来说，省去一些冗繁的作业流程或以后不断反复修正的工作，将为企业节省下大量的人力物力。对于员工个人，一开始我们就应该把读每份文件当成是最后一次审阅，在看完之后，就把它们分类放置，归档在合适的数据中。这样，既节省下了时间，养成良好习惯，又能提高效率。

任何工作都追求精益求精

在春兰，企业与员工之间有一种独特的合同书，那就是《质量承诺书》。每一个员工对此都要认真填写，才能上岗。上岗后必须按合同操作，一丝不苟，对质量马虎不得，否则都要自认罚款500元至1万元。一分厂发生过这样一件事：有位装配工给空调管道整形时，没有严格执行工艺，自认罚款5000元。

对此,春兰员工说:"我们搞生产的在质量上可以说是细而又细,不敢有丝毫疏忽,这不仅仅因为有严格的制度,更因为春兰是高品质的象征。我们精心一点,用户就少一分忧虑。为了企业的声誉和消费者的愿望,我们必须在自己手上把好质量关。"

春兰集团的《质量承诺书》强化了员工的质量意识,进而提升了产品质量。被称为"零缺陷之父"的菲利浦·克劳士比认为,对质量的描述并不能是形容词,而只能是动词和名词,比如需要、要求等。确定需要和要求,并逐渐灌输到员工的意识里,才能坚决地执行到位,保证产品质量,为公司赢得未来。

美国一家公司在韩国订购了一批价格昂贵的玻璃杯,为此美国公司专门派了一位官员来监督生产。来到韩国以后,他发现,这家玻璃厂的技术水平和生产质量都是世界一流的,生产的产品几乎完美无缺。他很满意,就没有刻意去挑剔什么,因为韩方自己的要求比美方还要严格。

一天,他无意中来到生产车间,发现工人们正从生产线上挑出一部分杯子放在旁边。他上去仔细看了一下,没有发现两种杯子有什么差别,就奇怪地问:"挑出来的杯子是干什么用的?"

"那是不合格的次品。"工人一边工作一边回答。

"可是我并没有发现它和其他的杯子有什么不同啊?"美方官员不解地问。

"你自己看,这里多了一个小的气泡,这说明杯子在吹制的过程中漏进了空气。"

"可是那并不影响使用啊?"

工人很自然地回答:"我们既然工作,就一定要做到最好,任何缺点,哪怕客户看不出来,对于我们来说,也是不允许的。"

"那么这些次品一般能卖多少钱?"

"10美分左右吧。"

当天晚上,这位美国官员给总部写信汇报:"一个完全合乎我们的检验和使用标准,价值5美元的杯子,在这里却被在无人监督的情况下用几乎苛刻的标准挑选出来,只卖10美分。这样的员工堪称典范,这样的企业又有什么可以不信任的?我建议公司马上与该企业签订长期的供销合同,我也没有必要在这里了。"

虽然只是一个小小的气泡,连挑剔的客户都没有察觉,但这家韩国企业的员工对产品质量的检验严格把关,不打任何折扣。工作到位,从而保证了产品质量,也在客户的心目中获得了高度认可,为公司签订了长期的购销合同,创造了良好的业绩。

不打折扣,工作到位,产品才会升值而不是贬值,并可提升公司业绩,为企业创造价值,让公司大幅增值。

细化工作,把每个环节做到完美

麦当劳对原料的标准要求极高,面包不圆和切口不平都不用,奶浆接货温度要在4℃以下,高一度就退货。一片小小的牛肉饼要经过四十多项质量控制检查。任何原料都有保存期,生菜从冷藏库拿到配料台上只有两小时的保鲜期,过时就扔掉。生产过程采用电脑操作和标准操作。制作好的成品和时间牌一起入到成品保温槽中,炸薯条超过7分钟,汉堡包超过19分钟就要毫不吝惜地扔掉。麦当劳的作业手册有560页,其中对如何烤一个牛肉饼就写了20多页,一个牛肉饼烤出20分钟内没有卖出就扔掉。麦当劳的创始人克洛克强调细节的重要性:"如果你想经营出色,就必须使每一项最基本的工作都尽善尽美。"

同是快餐业的巨擘,肯德基在进货、制作、服务等所有环节中,每一个环节都有严格的质量标准,并有着一套严格的规范保证这些标准得到一丝不苟的执行,包括配送系统的效率与质量、每种佐料搭配的精确(而不是大概)分量、切青菜与切肉的顺序与刀刃粗细(而不随心所欲)、烹煮时间的分秒限定(而不是任意更改)、清洁卫生的具体打扫流程与质量评价量化,乃至于点菜、换菜、结账、送客、遇到不同问题的文明规范用语、每日各环节差错检讨与评估等上百套工序都有严格的规定。

苹果公司设计上每一个细节的产生都力求让人感动。比如,在新一代 iMac 的设计中,iMac 所增加的两种新的颜色,是设计师们耗费18个月的时间精心创造的。iMac 的底盘里每一颗螺丝都是一件精致的工艺品,而不仅仅是个机械的物件。苹果能在别人都忽视的地方还保持着对细节的追求。在追求外观"细节"的同时,它的设计还体现在操作系统等很多实用方面,因为任何设计都不应离开实用这两个字。比如,新一代的 iMac 就是一个实用设计的范例:以往的电脑都是人去迁就机器,而 iMac 可以随意调整屏幕的高度、距离和角度,给了用户在电脑前任意选择坐姿的自由。

丰田汽车公司在美国做市场调研时,居民吃什么食物,看什么电视节目都在记录之列;全球500强之首沃尔玛的信息分析系统中,记录着曾在全球所有连锁店里消费过的顾客的年龄、地址、消费总额等数据。

麦当劳、苹果公司、丰田汽车这些公司都把生产的工序或客服精确到每一个工序和细节,这种细是对提供服务质量的精细化要求、标准化要求。

要保证一台机器正常运转,就必须控制好每一个环节,因为每一个庞大的系统都是由无数个细节结合起来的统一体。忽视任何一个细节,都会带来想象不到的灾难。

只有关注到每一个细节,你才能掌控产品的质量,才能为客户提供优质的服务,从而获得良好的经济效益。精细到每一个工序是对工作内容的细化,也是管理成熟的标志。

在日本,河豚被奉为"国粹",河豚肉质细腻,味道极佳,但这种鱼的味道虽美,毒性却极强,处理稍有不慎就有可能致人死命。在中国,每年因吃河豚中毒、死亡者都达上千人;但同样是吃河豚,在日本却鲜有中毒、死亡的事情发生。

日本的河豚加工程序是十分严格的,一名上岗的河豚厨师至少要接受两年的严格培训,考试合格以后才能领取执照,开张营业。在实际操作中,每条河豚的加工去毒需要经过30道工序,一个熟练厨师也要花20分钟才能完成。但在中国,加工河豚就像做普通菜一样,加工过程随随便便,烹饪过程也没有太多的工序。

加工河豚为什么需要30道工序而不是29道？我们不得而知，我们知道的是日本很少有人因吃河豚而中毒，原因就出在工序上。经过30道加工工序后，河豚肉不仅味道鲜美，而且卫生无毒害。但粗糙对待工序只会导致严重的后果。从这一点来说，到位的做事风格，一定是经过严格的程序化的做事风格，一定是一板一眼、认真做事的风格。

只有精确到细节的河豚才是美味的食物，如果任何一个环节出现问题的话，河豚就变成了餐桌上的毒药。工作也是如此，一个细节出现问题，就会带来灾难性的后果。

美国质量管理专家菲利普·克劳斯比曾说："一个由数以百万计的个人行动所构成的公司（想想看，每个人每天要执行多少不同的行动）经不起其中1%或2%的行动偏离正轨。"一架波音747飞机，共有450万个零部件，涉及的企业单位更多。而美国的阿波罗飞船，则要两万多个协作单位生产完成。在这由成百上千、乃至上万、数百万的零部件所组成的机器中，每一个部件容不得哪怕是1%的差错。否则的话，生产出来的产品不单是残次品、废品的问题，甚至会危害人的生命。

要想保证一个由无数个零件所组成的机器的正常运转，就必须通过制定和贯彻执行各类技术标准和管理标准，从技术和组织管理上把各方面的细节有机地联系协调起来，形成一个统一的系统，才能保证其生产和工作有条不紊地进行。在这一过程中，每一个庞大的系统是由无数个细节结合起来的统一体，忽视任何一个细节，都会带来想象不到的灾难。

不放过任何一个问题,坚持做好每个细节。精心筹划,精细施工,精湛工艺,就必定实现精品工程。工作中,关注了细节,就把握了创新之源,也就为成功奠定了基础。工程中,关注了细节,就把握了创精品之脉,为精品工程奠定了基础。

追求"零缺陷",不做"差不多先生"

当宝洁公司刚开始推出汰渍洗衣粉时,市场占有率和销售额以惊人的速度向上飙升,可是没过多久,这种强劲的增长势头就逐渐放缓了。宝洁公司的销售人员非常纳闷,虽然进行过大量的市场调查,但一直都找不到销量停滞不前的原因。

于是,宝洁公司召集了很多消费者开了一次产品座谈会,会上,有一位消费者说出了汰渍洗衣粉销量下滑的关键,他抱怨说:"汰渍洗衣粉的用量太大。"

宝洁的领导们忙追问其中的缘由,这位消费者说:"你看看你们的广告,倒洗衣粉要倒那么长时间,衣服是洗得干净,但要用那么多洗衣粉,算起来更不划算。"

听到这番话,销售经理赶快把广告找来,算了一下展示产品部分中倒洗衣粉的时间,一共3秒钟,而其他品牌的洗衣粉,广告中倒洗衣粉的时间仅为1.5秒。

1.5秒的时间差距,也就是在广告上这么细小的一点疏忽,对汰渍洗衣粉的销售和品牌形象造成了严重的损害。差不多其结果却差多了,这是一个细节制胜的时代,对于自己的工作无论大小,都要了解得非常透彻,数据应该非常准确,事实也应该非常真实,这样才能脚踏实地完成宏伟的目标。

几十年前,国学大师胡适先生写了一篇《差不多先生传》,深刻地描绘了国人的差不多心理。我们可以回味一番,看看里面有没有自己的影子:

他常常说:"凡事只要差不多就好了,何必太精明呢?"

他小的时候,妈妈叫他去买红糖,他却买了白糖回来。妈妈骂他,他摇摇头道:"红糖和白糖不是差不多吗?"

他在学堂的时候,先生问他:"直隶省的西边是哪一个省?"他说是陕西。先生说:"错了。是山西,不是陕西。"他说:"陕西同山西不是差不多吗?"

……

后来,他的名声越传越远,越传越大。无数人都以他为榜样,于是人人都成了一个"差不多先生"——然而,中国从此就成了一个懒人国了。

现实中,诸多的"差不多"所造成的结果却不是我们希望看到的:建设用料"差不多",导致豆腐渣工程层出不穷,桥梁倒塌、未竣工的大厦倒塌,留下了一片片残破的瓦砾与噩梦一般的回忆;医生用药"差不多",导致病人留下了难以抹平的痛苦,同时也抹杀了医生的道德和社会责任感。

企业也是一样,一个由许多人组成的公司是经不起连续差一

点点的"差不多"的,哪怕只有1%。由上到下布置一项任务,如果一个人差1%,下一个人又差1%,如此下去,等到真正执行任务的人接到这项任务的时候,恐怕这项任务已经变得面目全非了,而他执行任务的结果也就可想而知了。同样,当由下向上传递一项建议或报告的时候,如果每一层的人都抱着"传递得差不多就行了"的心理,那么最后传递到最高管理者那里,这项建议或报告就可能变成了一项对你的惩罚措施。

在工作中,你可能觉得自己做的和别人做的比起来差不多,以为那样就足够了,但你的上司、你的老板心中有数,你的客户心中也有数,你一定会因为你的勤奋或懒惰而赢得或失去晋升的机会。同样,你也会因为你态度的好坏而赢得或失去客户。

"差不多"就是恶果的温床。在职场中这样"差不多"的心理是坚决要不得的,我们每个人、每个企业,都要努力避免陷入到这个误区当中去。无论做什么事情,一定要多问自己几次:"真的可以'差不多'吗?差的那一点会给自己、给公司、给客户带来什么不利影响?"

当然,消灭"差不多"心理,完善自己的责任意识系统,并不是一件难以办到的事。有时,我们所缺少的不是技术、设备、流程和理念,而是决心,是消灭这种"差不多就可以了"的心理的决心。

有位医学院的教授,在上课的第一天对他的学生说:"当医生,最要紧的就是胆大心细!"说完,便将一只手指伸进桌子上一只盛满尿液的杯子里,接着再把手指放进自己的嘴中,随后教授将那只杯子递给学生,让这些学生照着他的做法来做。看到每个学生都忍着呕吐,像教授一样把手指探入杯中,然后再塞进嘴里。教授看着学生的狼狈样子得意的要命,最后他微笑着说:"哈哈,不错,不错,你们每个人都够胆大的。"紧接着教授又难过起来:"只可惜你们看得不够心细,没有注意我探入尿杯的是食指,放进嘴里的却是中指啊!"

这位教授,其本来的意思是教育学生科研与工作都要注意细节,相信尝过尿液的学生应该终生能够记住这次"教训"。其实员工做事也需要养成注意工作细节的习惯,细节的宝贵价值更在于,它是创造性的,独一无二的,无法重复的。

"魔鬼存在于细节之中。"为什么细节会成为魔鬼的栖身之地呢?因为人们在工作和生活当中,经常会忽略了细节的存在,从而让魔鬼有机可乘。企业的经营,只有重视细节,并从细节入手,才能取得有效的创新。

渴望成功并期待业绩的员工,一定要注意细节,也许你不经意间犯下的小错误,对你的前途和业绩却有着致命的伤害。在工作中,许多小小的不起眼的细节你都要注意,否则它会影响你事业的成败。

做事到位不折腾

1998年4月,海尔集团在全公司范围内掀起了向洗衣机本部住宅设施事业部卫浴分厂厂长魏小娥学习的活动,学习她"认真解

决每一个问题的精神"。

为了发展海尔整体卫浴设施的生产,1997年8月,33岁的魏小娥被派往日本,学习掌握世界上最先进的整体卫浴生产技术。在学习期间,魏小娥注意到,日本人试模期废品率一般都在30%~60%,设备调试正常后,废品率为2%。

"为什么不把合格率提高到100%?"魏小娥问日本的技术人员。"100%?你觉得可能吗?"日本人反问。从对话中,魏小娥意识到,不是日本人能力不行,而是思想上的桎梏使他们停滞于2%。作为一个海尔人,魏小娥的标准是100%,即"要么不做,要做就做到最好"。她拼命地利用每一分每一秒的学习时间,3个月后,带着先进的技术知识和赶超日本人的信念回到了海尔。

从日本学习归国之后,魏小娥重点抓卫浴分厂的模具质量工作。无论是工作日还是节假日,魏小娥紧绷的质量之弦从未放松过。在一次试模的前一天,魏小娥在原料中发现了一根头发,这无疑是操作工在工作时无意间落入的。一根头发丝就是定时炸弹,万一混进原料中就会出现废品。魏小娥马上给操作工统一制作了白衣、白帽,并要求大家统一剪短发。又一个可能出现2%废品的原因被消灭在萌芽之中。

时隔半年,日本模具专家宫川先生来华访问,见到了"徒弟"魏小娥,她此时已是卫浴分厂的厂长。面对一尘不染的生产现场、操作熟练的员工和100%合格的产品,他惊呆了,反过来向徒弟请教。

"有几个问题曾使我绞尽脑汁地想办法解决,但最终没有成功。日本卫浴产品的现场过于脏乱,我们一直想做得更好一些,但难度太大了。你们是怎样做到现场清洁的?100%的合格率是我们连想都不敢想的,对我们来说,2%的废品率、5%的不良品率已经是合乎标准,你们又是怎样提高产品合格率的呢?"

"用心。"魏小娥简单的回答又让宫川先生大吃一惊。

用心,努力工作,注重每一个细节,不因为质量问题而返工从而来回折腾。不折腾就可以减少工作的无效忙碌。

2008年12月18日,胡锦涛总书记在纪念党的十一届三中全会召开30周年大会上的讲话中指出,我们的伟大目标是,到我们党成立100年时建成惠及十几亿人口的更高水平的小康社会,到新中国成立100年时基本实现现代化,建成富强民主文明和谐的社会主义现代化国家。只要我们不动摇、不懈怠、不折腾,坚定不移地推进改革开放,坚定不移地走中国特色社会主义道路,就一定能够胜利实现这一宏伟蓝图和奋斗目标。

当胡锦涛总书记讲到"不折腾"的时候,会议全场发出会心的笑声。人们对"不折腾"一词的会意,证明我们都理解"不折腾"一词的深刻内涵,不再"折腾"俨然已经成为所有人共同的心愿。

作为俚语,"折腾"可意译为胡闹、捣乱,也就是指翻来覆去、无事生非等,一般含贬义色彩。而"不折腾"一词出现在中央的正式会议中,还是第一次。当人们在新闻媒体上见到胡总书记讲话中出现的"不折腾"这个词语时,"不折腾"迅速蹿升为热门话题。

胡锦涛总书记强调"不折腾",家常话中蕴涵着大道理,虽然用语朴素,但是振聋发聩,意义重大。其实,无论是国家还是个人,都禁不起"折腾",总书记的"不折腾"道出了人们的心声。

曾流行过这样的说法:"多干多错,少干少错,不干不错。"这也

从一个侧面向我们提醒,"不折腾"不应成为我们"干正事"的托词或借口,我们要用比以往任何时候都虔诚的态度去面对我们的工作,做好自己的分内工作,更加努力地做好自己该做的事情。

电影《青春制造》是根据一汽职工王洪军的真实故事改编的。也许很多人并不知道王洪军究竟是谁,他是中国一汽大众汽车有限企业的一名高级技工。参加工作数十年以来,一直在一汽大众焊装车间一线工作。然而,就是这样一位普普通通的工人,却有令人想不到的一番大作为。

王洪军毕业于一汽技工学校,1990年毕业后在一汽大众焊装车间做钣金整修工。钣金整修工作技术含量非常高,最初,企业的钣金整修主要是由四个德国专家负责,中方员工打下手,递递工具,干点小活。王洪军一边打下手,一边练"手"。他跑图书馆翻阅相关资料,到书店买专业书,自学热处理、机械制图、金属工艺等专业知识,对照书本反复操练,经过几个月苦练,终于修好了一台车。经检测钢板厚度、结构尺寸等完全符合标准。

王洪军琢磨着自己做工具,先后制作了Z型钩、T型钩、打板、多功能拔坑器等整修工具40多种2000多件,满足了各种车型各类缺陷的修复要求。王洪军在发明制作工具的同时,着手总结快捷有效的钣金整修方法,创造出了47项123种非常实用又简捷的轿车车身钣金整修方法——"王洪军轿车快速表面修复法"。

可以说,王洪军不折腾,一心只为"干正事",以踏实的态度在平凡的岗位上作出了不平凡的贡献。一长串荣誉足以证明王洪军的辉煌:2006 年荣获全国五一劳动奖章,2007 年获国家科学技术进步二等奖,2008 年 12 月获第 19 届"中国十大杰出青年"的称号。

从王洪军的例子可以看到,只有不折腾,我们才能"干正事",才能取得长足地发展和进步。实际上,无论对于谁而言,以"不折腾"作为自己行动的准则,将"干点正事"作为自己行动的目标,才能在工作中进步,在进步中开创佳绩。专心发展自己的事业,事业或大或小,只要"不折腾",就一定能收获成功的喜悦。

每个人的精力都是有限的,只有将自己有限的精力投入到本分的工作中去,才能为自己赢得更宽广的发展空间。"干正事"是"不折腾"的唯一选择,无论是组织还是个人,我们都应该把"干正事"作为自己的目标导向,将"不折腾"作为自己的行动指南,只要专心发展"不折腾",最终一定会干出成果。

第十三章 雁阵优势，团队出业绩

走企业发展轨道，个人目标融入团队目标

大学生梁杰初刚进格兰仕就被派到法国开发市场。他很幸运，一出去就逮住个客户：跟法国的一位经销商签下了一单17升系列微波炉生意。客户要求试探市场的首批1万台微波炉在圣诞节前交货，还说如果这个产品有市场，第一年要10万台，第二年增加到20万台。

梁杰初兴冲冲带着订单回来交差。CEO梁昭贤高兴地夸赞了他一番，然后说："咱们公司的产品规格是23升的，他们要17升的，得赶紧研制。现在是9月下旬，离圣诞节不到三个月，你要辛苦了。"梁杰初以为自己听错了，自己是做业务的，拿了订单回来就算完事，怎么产品研制也要自己'辛苦'？梁昭贤解释说："海外市场这不是刚开创嘛，很多事情大家都是在摸索中。你看，不同的客户会有不同的要求，订单是你签下的，你最了解客户的要求，得你来跟进才行。"

此前碰都没碰过微波炉的梁杰初开始跑技术部门、生产车间，现学现卖。啃资料，和技术人员研讨……年轻的梁杰初上心地跟

进产品研发、质量控制和生产等每一个环节。由于各部门都积极配合,样机很快就做出来了。

梁杰初开心地把样机送过去,没想到人家一看,说里面好几个元器件没经过他们的认证机构认证,不行。梁杰初傻了眼,这才知道有什么欧洲的 GS、GE 认证。当下他头都大了,电话打回公司,听着梁杰初变调的声音,副总裁陆荣发安慰他说:"别着急,我们想办法变通。你发个 E-mail 回来,我们马上去找经过认证的元器件,你也找一下,记住货比三家。"

梁杰初松了口气,当即深刻理解了团队协作的重要性。已经是 11 月,找元器件的过程是一场争分夺秒的拼搏战,谈价钱的时候,明明急得要命,还得摆出一副淡定的面孔,那真是考验人的意志,磨炼人的能力。

经过大家齐心协力的努力,格兰仕终于以冲锋速度拿出了让法国客户点头的样机,并抢在圣诞节前如期交货。后来,法国客户要求增加烧烤功能,他们也迅速做到了,由此奠定了格兰仕微波炉在法国市场的地位,并在欧洲其他国家推广开来。

我们看到,正是格兰仕的员工主动走企业发展的轨道,紧密的团队合作产生的强大执行力帮助格兰仕打开了欧洲市场。团结就是力量,团结才能求生存。在洪水来到的时候,蚂蚁能迅速抱成团,随波漂流,蚁球外层的蚂蚁,有些被浪打入水中,但只要蚁球能上岸,或者碰到一个大的漂浮物,蚂蚁就得救了。我们只有像蚂蚁那样,每个人都在共同的目标下协同作战,各尽所能,并在工作中与团队中的其他人优势互补,将小我置于大我之中,才能众志成城,在市场竞争中取得胜利。

有人说:"雁阵之优,在于目标一致、前后呼应、强势超大。"大雁在迁徙时都是集体行动的,少则几只,多的时候能达到几千只,它们的队形能保持整齐,关键在于它们的团队目标一致。

闻名世界的西点军校在学员训练方面有一项重要的内容,就是要培养学员把个人目标融入团队目标的精神。

在西点军校巴克纳野战营,有一个活动,是把学生分成35人左右的小组,大约是一个排的规模,让各组在几个小时之内完成组合桥梁的任务,这是必须靠团队合作才能完成的任务。这种活动组合桥,每一块桥面和梁柱都有几百公斤重,光是要抬起一块桥面,就需要一群人的力量。在战场上,搭建这类的组合桥多半都有具体、迫切的目标,或是恢复重要物资的运输,或是逃避敌人的追击,或是进攻歼灭敌人,这些生死攸关的情况自然会使人产生迫切感。要是没有这样的目标,要激发学生的士气,合力搬起三四百公斤的大桥墩,并不是很容易的事情。

因此,他们建立了一个假想的目标,对"敌人"重新定义。现在各组互相竞争,看哪一队先把桥搭好。这样的动机在企业界也很常见,阿迪达斯的主管可能告诉员工以打败耐克为目标,或是像艾维士长久以来一直努力想赶上赫兹,成为租车业的龙头。这是有效的竞争,这种竞争有助于目标的实现,因为团体所追求的目标不仅对每一个成员很重要,同时对整个团队也很重要。

结束巴克纳野战的时候,学生不仅完成了各项团队目标,同时也会体验到团队合作的重要。而更重要的一点,也许在于他们对

自己的小组产生了认同和归属感。西点军校的传统仪式,更进一步加强了这样的认同和归属感。

可见,在现代社会,一个人要出色、高效地完成自己的任务或工作,最明智的做法就是充分利用团队的力量,将个人目标融入团队目标中。

香格里拉饭店的清洁人员说他们"以身为服务绅士淑女的绅士淑女为荣",因为他们认识到自己不只是单纯的清洁人员,而是向客户(也就是绅士淑女)提供高品质服务的绅士淑女。他们都深刻地认识到自己的工作的真正意义,认清他们与整个组织的关系,组织的使命也变成了他们的使命。

另外,将个人目标融入团队目标中,可以增进一个人对自己工作的认同,从而大大提高他的工作热情和效率。心理学家认为,一个人在团队中工作最可惜的就是自己的力量被抑制而得不到发挥,原因有很多,欠缺对团队的归属感是其中最主要的。缺乏归属感的人,是一个丧失了做事的目标的人,是只会为工作而工作的人,丝毫体会不到在团队中大家为着共同目标奋斗的工作激情。

一个人的成功不是真正的成功,团队的成功才是最大的成功。一个人要想在工作中作出成就,必须善于利用他人的力量,将个人追求融入团队目标中。

双赢才能减少内耗式的忙碌

一只狮子和一只野狼同时发现了一只小鹿,于是商量共同去追捕那只小鹿。它们配合得很默契,当野狼把小鹿扑倒后,狮子便上前一口把小鹿咬死了。但这时狮子起了贪念,不想和野狼共同分享这只小鹿,想把野狼也咬死。野狼拼命抵抗,后来,狼虽然被狮子咬死,但狮子自己也受了重伤,无法享受美味。

这种内耗的结果使大家白忙活了一场,谁都没得到好处还两败俱伤。内耗是造成很多员工忙碌不堪、身心憔悴的重要原因,只有抱着双赢的心态,才能让自己避免卷入这种窝里斗式的低效忙碌。

有好多人都会担心抱着双赢的态度会让自己吃亏,但实际上正如你对镜子笑镜子才会对你笑一样,双赢的合作态度是可以相互感染的。

杨瑞毕业后的第一份工作是在一家日用品公司做市场业务员。录取他的第一天,老板就告诉他:业绩是与个人薪酬直接挂钩的,因此要像狼一样凶残与贪婪,要利用一切手段把同类公司乃至同事都打败出局,才能成为顶尖的销售高手。

工作后,杨瑞每天都要到所辖区域的超市、百货店去查询本公司代理的日用品上柜情况,最关键还是要不遗余力地进行推销,让商家征订本公司的货品。为了取得更多的业绩,同事们对外不惜丑化其他公司同行,说他们产品质量差、不讲信用、售后服务糟糕等;对内也是烽烟四起,同室操戈,把公司弄得像战场。既要对外作战,又要对内作战,还要时刻防备有人往自己背后戳上一刀,每个人都忙碌不堪,却始终无法停止这种无休止纷争。

直到有一次公司遇到了一个难得的大客户,公司状况才有所改观。为了确保万无一失,老板派杨瑞和另外一个同事莫渊一起去谈判。为了得到这个大单,他们开始很不情愿地合作起来,并一致申明得到的业绩一人一半。于是他们开始行动起来,杨瑞负责材料收集,莫渊进行市场调查,并在策略方面进行了仔细探讨。

在谈判过程中,杨瑞充分展示了自己的谈判天赋,但是对方依然一个劲儿地压价。因为要货量大,杨瑞也不想失去这么大的一笔生意。差不多要妥协的时候,莫渊从在这家公司就职的亲戚那里得到了一个重要情报:客户是一家实力雄厚的大企业下属的分公司,要这么多货是为了紧急供给总公司。

于是,他们采取了拖延战术,一直到他们等不及了,只好答应原先的报价。

签了这个大单之后,杨瑞和莫渊从此成了最好的搭档,以共赢的方式稳居公司销售榜榜首。

双赢才能赢得更多,只有抱着双赢的态度和方式工作,才能在忙碌的工作中找到那个愿意和你风雨同舟的人,才能减少那些所谓的办公室政治对我们精力的损耗,才能丢掉不必要的包袱轻装上阵,安心打好每一场业绩战争。

诺贝尔经济学奖获得者莱因哈特·赛尔顿教授有一个著名的"鹰鸽博弈"理论:假设有一场比赛,参与者可以选择与对手合作,也可以选择竞争。选择合作策略的结果是,可以避免对手之间浪费时间和精力的消耗斗争,可以像鸽子一样瓜分战利品;但如果选择的是竞争策略,那么双方必定会因为争夺战利品而像老鹰那样斗个你死我活，并且即使是获得胜利，也会被啄掉不少羽毛。公司不是战场，我们也不是每天紧绷着神经的战斗员，彻底打败了竞争者并不代表你已经赢了，即使你挤走了竞争者，你还是需要用业绩来获得薪水。

篮球皇帝迈克尔·乔丹在结束自己的篮球生涯的时候说："在别人看来，我站在篮球世界的顶端，每当听到这样的赞美，我都感到惶恐。我所取得的任何成绩都是和队友们以及教练一起努力的结果，还有赞助商和每一个支持鼓励我们的球迷们，荣誉属于你们的每一个人，我只是幸运地作为代表，一次次地领取奖杯。"

双赢才能避免劳而无功，独占易纷争，分享才能共利，在企业里，任何的成功都是群体团结劳动的结果，仅仅靠一个人是不会干出任何事业来的。学会与别人分享、合作，实现工作上的双赢，才能收到 $1+1>2$ 的效果。

与其为占有而穷其心志，倒不如与大家分享自己的快乐。当我们摒弃自私的行为，为别人付出的时候，从某种程度上说就是帮助了自己。

合理授权：让合适的人做合适的事

某个管理学家死后，很幸运地到了天堂：天堂里其实没有什么事可做，管理学家感到很无聊，于是，他想学点什么东西：学什么呢？天堂里也似乎没有什么可学的啊。就在他思考着学什么时，上帝来到了他的面前：哦，有了，上帝管着天下那么多人和天上那

么多神，可他并不觉得累，一定在管理上有独到的秘诀，我何不向上帝学管理呢？

他走上前去，恭恭敬敬地请教："上帝，请问你管理那么多人和那么多神，你是如何管理的？你的精力够吗？"

上帝笑了笑说："我只管两头——源头和结果，至于中间，那是他们自己的事。"上帝如何管理两头呢？就是授权和考核，至于过程嘛，让被管理者"自我管理"。

对了，上帝最后还说了一句话："亲力亲为的管理者，是贱骨头，生就的奴才，不配做管理者！"

一个人的能力总是有限的，即使"日理万机"，要把所有的事都照顾过来，都办好，那也是不可能的。领导者应拿出一部分权力分给属下，自己要做的只是以权统人。

在我们身边，常可看到这样的领导，勤勤恳恳，早来晚走，无论大事小情，样样亲力亲为，的确十分辛苦，但所负责的工作却常常杂乱无章，眉毛胡子乱成一团。而这些领导则像陀螺一样，从早转到晚，你问他在忙什么，他可能张口结舌。事事都管、都抓，结果必然是什么也管不好。

柯维博士认为："现代社会许多大小公司的老板、部门主管早已被信息、电讯、文件、会议掩盖得透不过气来。几乎任何一项请求报告都需要他审阅，予以批示，签字画押，他们为此经常被搞得头昏眼花，根本无法对公司重大决策做出思考，在董事会议上他们很可能是最为无精打采的一类人。难道这就是所谓的管理者吗？有必要要求他们过目每一份文件吗？细到内务部门发文稿这类小事,都有可能摆上他们的办公桌,而又为等待他的批阅,这项工作也许会拖到下个礼拜,直等到老板自己没有稿笺可用的时候,他才会想起叫来内务总管训斥一顿。而积满灰尘的报告会使局面变得非常之尴尬、不愉快。

只有无为的管理者,才是真正卓越的管理者。所谓无为,绝不是无所作为,绝不是放弃管理,而是基于对生命成长规律的理解,去尊重你的员工,爱护你的员工,支持你的员工。所以,无为而治,看似无为,其实意味着你对人生的深刻理解,以及胸怀博大的爱。

陈平年轻时就协助刘邦打天下,可说是刘邦的作战参谋,对刘邦取得成功贡献颇大。陈平晚年被汉文帝任命为宰相。有一天,文帝召见陈平和另一位宰相周勃。在古代原则上宰相大多是双数。文帝首先问周勃:"你经手的裁决事件,一年约有多少件?"周勃回答:"臣不肖,对这件事不甚清楚。"文帝又问:"那么,国库一年的收支大概多少呢?"周勃仍然回答不出,以至于汗流浃背。

接下来文帝又问陈平同样的问题。陈平回答:"关于这些问题,我必须询问负责人才能知道。"文帝又问:"谁是负责人呢?"陈平回答:"裁判事件的负责人是司法大司,国库收支的负责人是财政大臣。"文帝步步紧逼:"倘若所有职务都各有所司,那么宰相又负责些什么呢?"陈平冷静地回答:"宰相要使百姓各得其所;对外要镇抚四方的蛮族与诸侯;对内则要督促所有官吏做好分内工作。"文帝听完这番话,不由得点头称是。

不久,周勃引咎辞职,此后便由陈平一人独担宰相大任。而其一向的作风,正如他自己告诉文帝的,是针对每个人的才能赋予其

应做的工作,自己则加以督导,这不也是一件更重要的工作吗?陈平因指挥得当,被誉为名相。从陈平的行为可以看出,领导者不必事必躬亲,事无巨细地过问,该放手的就要放手。

授权是否合理是区分领导者才能高低的重要标志,正如韩非子所说的那样"下君尽己之能,中君尽人之力,上君尽人之智"。领导者要成为"上君",就必须对下属进行合理地授权,让合适的人做合适的事。

通用前CEO杰克·韦尔奇也曾说:"我们所能做的一切就是寄希望于我们挑选的人才,而我的工作就是挑选合适的人才。"

下放自己手中的大部分权力给各主管以及每一个员工,让他们有机会发挥自己的优势,有权力决定自己怎样做才能做得更好,不必千篇一律。授权的结果就是要让下属全都行动起来,充分利用自己手中的权力,完成自己的工作,使之更趋完美。

优势互补:马云的"唐僧师徒团队"

有一天,一个瞎子和一个拐子不约而同地来到一条河边,望着湍急的河水,两人都颇为为难。两人都要过河,但瞎子不可能过去,跛子也不可能过去。怎么办?瞎子和跛子协商了一番后,决定由跛子指路,由瞎子背跛子过河,结果很顺利地渡过了这条河流。

这个故事,给我们一个深刻的启示:优势互补。瞎子的优势是脚,跛子的优势是眼睛,将瞎子的脚的优势和跛子的眼睛的优势有效地组合在一起,便弥补了瞎子的眼睛的劣势和跛子的脚的劣势,从而克服了河水的难题。

随着中国电子商务的不断发展,到今天,阿里巴巴已经拥有500万中小企业会员,每天的营业额为100万元。现在阿里巴巴已经实现每天缴税100万元,成长速度惊人。

他的成功秘诀在哪里?

对此,马云有话要说。他认为,成长型企业成功的第一原则就是:确定好自己想做的事情,然后坚持到底。第二个原则就是:打造一个明星团队。马云坦言,自己最欣赏的就是唐僧师徒团队。

"唐僧是一个好领导,他知道孙悟空要管紧,所以要会念紧箍咒;猪八戒小毛病多,但不会犯大错,偶尔批评批评就可以;沙僧则需要经常鼓励一番。这样,一个明星团队就形成了。"在马云看来,一个企业里不可能全是孙悟空,也不可能都是猪八戒,更不可能都是沙僧,"要是公司里的员工都像我这么能说,而且光说不干活,会非常可怕。我不懂电脑,销售也不在行,但是公司里有人懂就行了。"

阿里巴巴曾有令互联网同行羡慕不已的梦幻"四O"组合:CEO(首席执行官)马云、COO(首席营运官)关明生、CTO(首席技术官)吴炯和CFO(首席财务官)蔡崇信。

马云和蔡崇信在阿里巴巴刚创立时结识;关明生2001年1月加盟阿里巴巴,曾在GE等世界500强企业中担任要职;2000年5月加入阿里巴巴的吴炯,则是雅虎搜索引擎的发明人。

蔡崇信在阿里巴巴刚成立时加入，就任 CFO。他的到来，使阿里巴巴真正开始了规范化运作。蔡崇信放下 70 万美元的年薪，投奔马云，每月只拿 500 块人民币的薪水。在湖畔花园，蔡崇信和第一批员工讲股份、讲权益，将 18 份完全符合国际惯例的英文合同，让马云和"十八罗汉"签字。

如果没有蔡崇信的加入，阿里巴巴会是一个家族企业，会一直以"感情"和"义气"来维持团队。蔡崇信将阿里巴巴做成了规范公司，并以正式合同的形式，将最初的创业团队绑在了一起。这是至关重要的一步，阿里巴巴因此能将最初的创业激情和团队文化一直维系下去。

关明生在 2001 年初加入阿里巴巴，就任 COO。当时因为遭遇互联网寒冬，阿里巴巴前期的全球扩张留下了烂摊子，这是阿里巴巴在成长期遇到的最大困难。关明生到来后，执行 B2C，拆除海外分公司，收缩全球市场，"回到中国"，并以强力的手腕裁掉大批员工。关明生对阿里巴巴最大的贡献，在于将马云最初提到的团队文化和创业精神发挥到极致，使得马云逐渐成为阿里巴巴的"精神领袖"。

李琪和孙彤宇是做管理和销售的，管理和销售当然也很重要。但对于任何企业、组织来说，思想文化才是关键中的关键。在阿里巴巴，如果没有武侠文化、笑脸文化，没有淘宝的倒立文化，没有阿里巴巴这支拥有超强战斗力的团队，管理和销售做得再好，也只可逞一时之强，无法一直坚持下来做到今天的成就。

2007 年 12 月 1 日，阿里巴巴团队获得"2007 年最聚人气团队奖"。马云作为代表上台领奖时，作了获奖感言：阿里巴巴可以没

有马云,但不能没有这个团队。

互补性强的团队并非只是说性格上的互补,而是每个人长处的互补,这其实涉及分工的问题。平时,马云说到他的团队时自豪之情总是溢于言表。他说自己是个非常幸运的人,在他深陷困境的时候,总是能遇到好人。这一切都与合作伙伴有关系。没有优势互补的团队,就没有阿里巴巴。是这些和马云有着共同梦想的创业者们,推动着阿里巴巴不断发展、壮大。

优势互补应该成为企业的一条重要原则。我们知道,企业里的每一位员工、每一个部门和群体,都有他们各自的优势,不可否认,他们也都有着各自的劣势。正如一个人不可能是一个完人,他们的优势也不可能是完美的优势。在企业管理中,企业管理者要有效地进行互补导向,以便使优势得到强化,使劣势得到削弱甚至消除,这样才能让忙碌更加有效。

附 录

简化工作的九项原则和方法

简化工作是一种习惯,贵在养成和执行。下面是一些国内外知名的效率专家提出的一系列最实用的简化工作的原则和方法,希望能够为你的工作带来一些积极有益的启示。

1. 恪守简单原则

调查显示,成功企业的优秀业绩很多归因于对简单原则的严格遵守:确立简单、现实的目标,通过简单的结构和简便快捷的程序实现目标。

2. 清楚工作目标

通常的情况是,你不知道自己应该做什么,工作的目标对你的工作会有什么样的影响,这个目标对你的意义是什么。当你搞清了以上问题后,再开始工作,可避免重复作业,从而减少发生错误的机会。

3. 学会说不

懂得拒绝别人,不让额外的要求扰乱自己的工作进度。对比较熟识的同事、朋友,或者完全不相识的人,可以直截了当地拒绝

其不合理的要求,不需要理由;对客户或者不太熟识的同事,要采取间接、委婉的方法拒绝其不合理的要求。

4. 要事优先

主动提醒上级将工作排定优先级,可大幅度减轻工作负担。你的上级无暇了解你工作的状况,你应以公司效益为重,将上级交代的任务分出优先级,并向上级汇报。既可以将重要的工作花更多的精力去做,又可以将紧急的工作优先做。

5. 报告精要

写文件、报告内容应精简、切中要点,最重要的是能够促使大家快速地作出决策。这是每一家企业都需要的。

6. 不值得

完全没有沟通的可能时,就不必再浪费时间和精力,做无谓的沟通努力或者尝试改变。

7. 不为薪水而工作

当你能为公司创造效益,并为公司作出了贡献时,自然能取得大家的信任,获得资源,从而为企业创造更多的价值。不想"付出",只想"索取",往往使工作和沟通变得更复杂。

8. 专注于工作本身

专注于工作本身,而不是绩效考核的名目,才能真正有好的表现。

9. 不找借口

借口浪费了我们的有效工作时间,而且还严重影响工作的心态和工作的节奏。

做对事情的七个高效能工具

"行动养成习惯,习惯培养性格,性格决定命运。"良好的习惯是我们大脑中存放的一种资本,这个资本不断增值,我们会在一生中享受它的利息。当我们面对许多困惑时,可以尝试着改变一下习惯。

良好的习惯是一种坚定不移的高贵品质,主要依赖于人的自我约束,或者说依靠人对自身惰性的否定。然而,坏习惯则会毒害人的心灵,它在不知不觉中,长年累月地影响着我们的品德,暴露出我们的本质,左右我们的成败。

作为一名优秀的员工,应当培养以下七种习惯,这对于工作的有效落实起到了至关重要的作用。

1. 自助者天助

自信是成功的一半,"只有自信才能他信",当你请求别人帮助时,只有提供帮助的人感觉到你对他的将来有"预期",即对他会有所回报,他才能对你提供帮助。因为被帮助者的潜能越大,越能使那些提供帮助的人感到欣慰,加之自助者懂得报恩,得到的帮助也会越来越多。

2. 全力以赴工作

一个小孩使尽了所有的力气去搬动路边的一块石头,他无论是呐喊,还是咬着牙,向着石头一次又一次地发起进攻都不能动它一下,于是这个小孩大哭。这时过来一个大人问他:"孩子,你尽全

力了吗?"小孩说:"我用尽了自己所有的力气。""不,你并没有用上你所有的力量,因为你还没有请求我的帮助啊?"这个大人说着弯下腰抱起石头扔在了一边。其实,我们也常犯这样的错误,应该时常检讨自己:用尽全力了吗?

3. 充满激情

工作中有时会遇到让我们闷闷不乐的事情,想积极起来总是做不到,这就需要我们树立充满活力、积极、有激情的人生态度,即所谓那种高品位的生活,不断树立有思想、有追求、有理想、有道德观的工作目标。那些成功者及其成功的思想、理念、方法就是我们的活力之源。

4. 用心去做

要取得好的落实效果,关键是要用心去做。以发生在商场的一个小场景为例:一位消费者,在大卖场的货架之间徘徊,想找一瓶高蛋白含量的奶粉。他看到一位服务人员在另一边整理货架。

"我想找一罐高蛋白含量的奶粉,请问在哪里可以找到?"

服务人员的反应可能有下列几种:

第一种:理都不理消费者,继续整理眼前的货架。

第二种:瞄消费者一眼,冷冷丢出一句话"不知道"。

第三种:客气地回答消费者:"请你走到第三个货架,左转到横排第五个矮柜,就可以看到奶粉专柜。"

第四种:服务人员立即停下手中的工作,聆听他描述产品,随即带他到奶粉货架,拿下一种销量较好的高蛋白质奶粉递给他,同时说:"我想您挑选蛋白质含量高的奶粉,应该是想让您的宝宝长得更结实,我再推荐您另外一种高钙的产品给您试试,可以让您的宝宝更健康。"

对工作专注用心是做好任何事情的前提条件,我们在落实工作任务时,要先把心思集中到如何快速、高效完成任务的思考上来。

5. 承担责任

要做一名优秀的部属,应当是勇于承担责任,而不是一味地阿谀奉承,为得其一时的蝇头小利而无远虑。古人云:"明察成败,早防而救之,塞其间,绝其源,转祸以为福,君终无忧,如此者,智臣也。"这句话包含两层含义:一是勇敢往往与任务相关,高度的责任心产生高度的勇敢;二是勇于负责的目的在于做一个优秀的自己,这样才能严格地进行自我管理。

6. 终身学习

养成终身学习的习惯。许多单位向员工们发出了"不换脑袋就换人"的警告,于是,"换脑袋、求生存"成了人们面临的严峻现实。更新知识结构非常必要,一个不断创新的企业需要不断创新的员工,市场会淘汰滞后的企业,而企业也会淘汰落后的员工,于是创新成了一个民族进步的灵魂。

7. 淡泊名利

古往今来,凡成就大事者的人的身上无不闪烁着一个"静"字,因为炫耀和凑热闹是人另一种必然的天性,正是这种天性的任意发挥阻碍了许多人不能成就功业,而落得个老大徒伤悲的结局。

美国开国初期政治思想家佩因说:"得之太易必不受珍惜。唯有付出代价,万物始有价值。上帝知道该如何为他的产品制定合适的价格。"

高效能人士的十个科学工作方法

现代社会是一个讲究效能的时代。事实证明,很多成功者具有提高效能的科学工作方法,这才是他们出类拔萃、真正成功的秘诀。

1. 条理化的工作

美国管理学博士在其《有效的经理》一书中写道:"我赞美彻底和有条理的工作方式。一旦在某些事情上投下了心血,就可减少重复,开启了更大和更佳工作任务之门。"

有句谚语说得好:"喜欢条理吧,它能保护你的时间和精力。"

西方一些"支配时间专家",运用电子计算机作了各种测定后,为人们支配时间提出许多"合理化建议",其中有一条就是"整齐就是效率"。他们比喻说:木工师傅的箱子里,各种工具排列有序,不同长度的钉子分别放好,使用起来随手可得。每次收工时把工具放回固定的位置同把工具胡乱丢进箱子里所费时间相差无几,而效果却大不一样。

2. 培养重点思维

博恩·崔西博士认为:"如果你能够将自己的努力始终集中在你的目标和最重要的事情上面,坚持在一定时期内做好一件事,就没有什么东西能够阻止你了。"重点问题突破,是高效能人士思考的习惯之一,如果一个人没有进行重点思考,就等于无主攻目标,做事的效率必然会十分低下。相反,如果他抓住了主要矛盾,解决

问题就变得容易多了。

3. 及时改正错误

一名高效能人士要善于从批评中获得进步的动力。批评通常分为两类,有价值的评价或是无理的责难。不管怎样,坦然面对批评,并且从中找寻有价值、可参考的成分,进而学习、改进,你将获得意想不到的成功。善于分辨事物的好坏,哪些是有利于工作的,哪些是不利于的,并很快摆脱不利因素的影响,朝着正确的目标前进。

4. 分辨事物的好坏

创设遍及全美的市务公司的亨瑞·杜哈提说,不论他出多少钱的薪水,都不可能找到一个具有两种能力的人。这两种能力是:第一,能思想;第二,能按事情的重要程度来做事。因此,在工作中,如果我们不能选择正确的事情去做,那么唯一正确的事情就是停止手头上的事情,直到发现正确的事情为止。处理问题的顺序:重要工作→优先处理,一般工作→随时处理,可办可不办→暂缓处理,紧急事情→立即处理。

5. 运用 80/20 法则

一本书 80% 的价值,已经在 20% 的页数中就已经阐明了,所以只要看完整书的 20% 就可以了。这就是为什么专精于一小部分内容的学生,可以给主考人留下深刻的印象,而那些什么都知道一点但没有一门精通的学生却不让考官满意的原因。凡是洞悉了二八法则的人,都会从中受益,有的甚至会因此改变命运。

6. 善于自我管理

一心一意地专注于自己的工作,是每一位职业人士获取成功

不可或缺的品质。当你能够专注地做每一件事时,成功也就指日可待了。杰克·韦尔奇认为,一名高效能人士应该具备出色的自我管理能力,一个连自己都管理不了的人,是无法胜任任何工作职位的,当然,最终他也不会成为高效率的工作者。

7. 随时做记录

记录是那样的重要,几乎绝大多数人类的智慧都在各种不同的记录中。因此,任何想成长,想更快成长的个人和组织,都必须认真地对待记录——那不仅是对"这一次"的归纳,更是对"下一次"的演绎。

8. 及时进行总结

同一批新人,在最初的几年里,他们所做的事情可能没有什么太大的区别,他们的经历有着很多相似之处,但是为什么在后来的日子里他们具有了不同的能力呢?这就是——他们从相同或相近的经历中总结出了不同的东西。那些能够从自己的经历、经验中总结出富有价值的规律的人,将有更多成功的机会。

9. 遇到困难找方法

一个高效能人士,是最重视找方法的人。他们相信凡事都会有方法解决,而且是总有更好的方法。一个高效能人士遇到困难的时候不会为自己找借口,而是积极地寻找解决的办法。外界的困难,不如意的条件,一个接一个的压力与挑战,是不能难倒高效能人士解决问题的雄心和创意的。

10. 注意工作节奏

能力再强的人,如果没有工作顺序,就开始埋头于工作之中,势必会把工作弄得一团糟,连原有的能力也无从发挥。这样,就更谈不上高效能的工作了。

　　井然有序可以提高你的工作效率，使得你不但更能掌握自己的生活，也会有更多的闲暇时间。

　　一位知名的企业家对即将踏入社会的儿子说："如果你正要跨入社会的第一步，应该尽快养成凡事跟着体系前进的习惯。决定好工作顺序后，每一件事就都能按部就班地进行，这是提高工作效率的最好方法。所有的事情——包括写东西、读书、分配时间等等，都得事先决定顺序。如果能够做到这一点，就可以想象出你将节省多少时间，而且能进行多少工作。

图书在版编目(CIP)数据

做得多不如做得对／欧俊编著．—北京：中央编译
出版社，2010.1
ISBN 978－7－5117－0120－6

Ⅰ．①做…
Ⅱ．①欧…
Ⅲ．①企业－职工－工作方法－通俗读物
Ⅳ．①F272.9－49
中国版本图书馆 CIP 数据核字(2009)第 238988 号

做得多不如做得对

出 版 人	和 龑
责任编辑	郑 锦
责任印制	尹 珺
出版发行	中央编译出版社
地　　址	北京西单西斜街 36 号(100032)
电　　话	(010)66509360(总编室)　(010)66509353(编辑室)
	(010)66509364(发行部)　(010)66509618(读者服务部)
网　　址	http://www.cctpbook.com
经　　销	全国新华书店
印　　刷	北京瑞哲印刷厂
开　　本	787×1092 毫米　1/16
字　　数	150 千字
印　　张	13.75
版　　次	2010 年 1 月第 1 版第 1 次印刷
定　　价	28.00 元

本社常年法律顾问:北京大成律师事务所首席顾问律师　鲁哈达
凡有印装质量问题，本社负责调换。电话:(010)66509618